PROSPERIDADE

CHARLES FILLMORE

PROSPERIDADE
12 PASSOS PARA ALCANÇAR O
SUCESSO

tradução: Luiz Roberto M. Gonçalves

nVersos

PREFÁCIO

É perfeitamente lógico supor que um Criador sábio e competente proveria as necessidades de Suas criaturas em várias etapas do crescimento. A provisão seria dada conforme necessário e à medida que a criatura se esforçasse para sua apropriação. As necessidades temporais seriam satisfeitas por coisas temporais, as necessidades mentais por coisas de caráter semelhante e as necessidades espirituais por elementos espirituais. Para simplificar a distribuição, todos seriam compostos de uma substância espiritual primordial, que, sob a direção adequada, poderia ser transformada em todos os produtos à vontade do operador. Esta é uma ilustração bruta, mas verdadeira, dos princípios básicos sobre os quais a família humana é abastecida nesta terra. O Pai forneceu uma *substância-semente* universal, que responde com poder mágico à mente ativa do homem. A fé na capacidade crescente dessa substância-semente, seja envolta em cascas visíveis ou latente em unidades elétricas invisíveis, sempre recompensa o homem com os frutos de seu trabalho.

O agricultor pode parecer obter seu suprimento das sementes que planta, mas nunca plantaria uma semente se não tivesse fé em sua capacidade inata de crescer, e essa semente nunca se multiplicaria sem a vida vivificadora do Espírito. Assim, vemos que todo aumento de substância depende da vida vivificadora do Espírito, e esse fato nos oferece a chave dos processos mentais que, quando usados espiritualmente, aumentarão muito e, ao mesmo tempo, simplificarão nossa apropriação daquela substância inesgotável que a Mente criativa tão generosamente forneceu.

Nas lições a seguir, tentamos explicar a apropriação legal pelo homem das provisões fornecidas espiritual e eletricamente por Deus. Quando entendermos e adaptarmos nossa mente ao reino onde essas ricas ideias e suas *formas de pensamento elétricas* existem, experimentaremos em nossos negócios temporais o que é chamado de "prosperidade".

Dissemos *formas de pensamento elétricas*. Deixe-nos explicar que todos os processos criativos envolvem um reino de ideias e um reino de padrões ou expressões dessas ideias. Os padrões prendem ou *engarrafam* as unidades elétricas livres que sustentam a coisa visível. Assim, a criação é, em seus processos, uma trindade, e por trás do universo visível está tanto a ideia criativa original quanto os raios cósmicos que se cristalizam nas coisas terrenas. Quando compreendermos essa trindade em suas várias atividades, poderemos conciliar as descobertas da ciência moderna com os fundamentos da religião.

A ciência moderna ensina que o espaço está fortemente carregado com energias que transformariam a Terra se pudessem ser controladas. Sir Oliver Lodge diz que uma única polegada cúbica de éter contém energia suficiente para fazer funcionar um motor de 40 cavalos de potência por 40 milhões de anos. A divergência de opinião entre os físicos quanto à realidade do éter não anula a existência de tremendas potencialidades no espaço. Sir Arthur Eddington diz que cerca de metade dos principais físicos afirmam que o éter existe e a outra metade nega sua existência, mas, em suas palavras, "ambos os lados querem dizer exatamente a mesma coisa e são separados apenas por palavras".

A compreensão espiritual diz que o éter existe como uma emanação da mente, e não deve ser confundido em suas limitações com a matéria. Medidas matemáticas aplicadas ao éter eliminam sua existência porque sua realidade está na mente que o concebeu e seu ser é governado e sustentado por ideias, e as ideias não têm dimensões físicas. Assim, o éter terá existência e depositará matéria apenas enquanto a mente tiver utilidade para isso. Quando a *Mente infinita* completar os ciclos da criação, tanto o universo invisível quanto o visível serão enrolados como um pergaminho e desaparecerão, e só a mente permanecerá. "As estrelas dos céus serão todas dissolvidas e os céus se enrolarão como um pergaminho antigo; todo o exército de astros cairá como folhas secas."

Reforça muito a estabilidade da fé cristã saber que Jesus previu as descobertas da ciência moderna sobre a existência daquele reino chamado "éter". Ele o chamou de reino dos céus e as ilustrações de suas possibilidades são insuperáveis. Ele não disse que era um lugar que os bons herdariam após a morte, mas uma propriedade que poderíamos ter aqui e agora. "Pois de bom grado o Pai vos concedeu o seu Reino."

Jesus ensinou que podemos incorporar raios vivificantes em nossa mente, corpo e assuntos por meio da fé. Onde os físicos apenas descrevem a presença mecânica da vida como energia, Jesus ensinou ao homem, por meio do exercício de sua mente, como ele pode fazer com que essa vida lhe obedeça. Em vez de um universo de forças mecânicas cegas, Jesus mostrou que o universo é persuadido e conduzido pela inteligência.

O que precisamos perceber, acima de tudo, é que Deus nos proveu para as necessidades mais ínfimas de nossa vida cotidiana, e que se nos falta alguma coisa, é porque não usamos nossa mente para fazer o contato correto com a *supramente* e o raio cósmico que automaticamente flui dela.

Charles Fillmore

SUMÁRIO

Lição um: Substância espiritual: a base fundamental do universo, 11

Lição dois: A Mente espiritual: diretriz onipresente do princípio da prosperidade, 25

Lição três: Fé na substância invisível: a chave para a demonstração, 39

Lição quatro: O homem: entrada e saída da Mente divina, 51

Lição cinco: A lei que rege a manifestação da provisão, 63

Lição seis: A riqueza da mente se expressa em riquezas, 77

Lição sete: Deus proveu prosperidade para todos os lares, 89

Lição oito: Deus pagará as suas dívidas, 101

Lição nove: Dízimo: compartilhar é um caminho para a prosperidade, 113

Lição dez: Doar: a chave para ter abundância, 125

Lição onze: Acumulando tesouros, 137

Lição doze: Superando a ideia de escassez, 149

Perguntas úteis, 161

LIÇÃO UM

SUBSTÂNCIA ESPIRITUAL: A BASE FUNDAMENTAL DO UNIVERSO

A *Mente Divina* é a única realidade. Quando incorporamos em nossa mente as ideias que formam essa Mente Divina e perseveramos nelas, uma força poderosa cresce dentro de nós. Então, temos uma base para o corpo espiritual, o corpo não feito por mãos e eterno nos céus. Quando o corpo espiritual é estabelecido na consciência, sua força e poder são transmitidos ao corpo visível e a todas as coisas que tocamos no mundo ao nosso redor.

    O discernimento espiritual revela que estamos hoje no amanhecer de uma nova era, que os velhos métodos de provisão e suporte estão desaparecendo rapidamente e que novos métodos esperam para ser introduzidos. No comércio vindouro, o homem não será escravo do dinheiro. As necessidades diárias da humanidade serão atendidas de maneiras que, atualmente, não são consideradas práticas. Serviremos pela alegria de servir, e a prosperidade fluirá para nós e através de nós em torrentes de plenitude. A provisão e o apoio que o amor e o zelo colocarão em movimento ainda não são amplamente usados pelo homem, mas aqueles que testaram seu poder de provisão falam alto em seu louvor.

    O poder dinâmico da supramente no homem foi esporadicamente demonstrado por homens e mulheres de todas as nações. Tal força geralmente é relacionada a algum rito religioso em que prevaleçam o mistério e a autoridade sacerdotal. O chamado "rebanho comum" é mantido na escuridão com respeito à fonte do poder sobre-humano dos adeptos do ocultismo e dos homens santos. Mas vimos uma "grande luz" na descoberta dos cientistas físicos de que o átomo oculta as energias eletrônicas cujo arranjo matemático determina o caráter de todos os elementos fundamentais da natureza. Essa descoberta interrompeu a ciência baseada na velha teoria atômica mecânica, mas também deu aos metafísicos cristãos uma nova compreensão da dinâmica por trás do Espírito.

A ciência hoje postula o espaço em vez da matéria como fonte da vida. Diz que o próprio ar está repleto de forças dinâmicas que aguardam o domínio e a utilização do homem e que essas energias invisíveis e onipresentes possuem potencialidades muito além da nossa concepção. O que nos foi ensinado sobre as glórias do céu torna-se insignificante em comparação com as glórias dos raios radiantes – popularmente chamados de "éter". A ciência nos diz que utilizamos muito pouco esse poderoso oceano de éter para produzir a luz e a energia elétrica. A tremenda força aparentemente gerada pelo giro de nossos dínamos é apenas um respingo de um universo de energia. As ondas invisíveis que transportam programas de rádio para todos os lugares são um mero indício de uma força inteligente, que penetra e permeia cada germe de vida, visível e invisível. Mentes científicas de todo o mundo têm sido fortemente abaladas por estas descobertas revolucionárias, e elas não encontraram linguagem adequada para explicar sua magnitude. Embora vários livros tenham sido escritos por cientistas, apresentando cautelosamente os efeitos de longo alcance que inevitavelmente seguirão a apropriação pelo homem do éter facilmente acessível, nenhum se atreveu a contar toda a história. O fato é que a maior descoberta de todas as eras é a da ciência física: que revela que todas as coisas, aparentemente, têm sua fonte no éter invisível e intangível. O que Jesus ensinou tão profundamente em símbolos sobre as riquezas do reino dos céus agora se provou verdadeiro.

De acordo com os gregos, em cuja língua o *Novo Testamento* chegou até nós, Jesus não usou a palavra "céu", mas sim "céus" em Seu ensinamento. Ele não estava nos contando sobre as glórias de um lugar distante chamado "céu", mas estava revelando as propriedades dos "céus" ao nosso redor, chamados tanto de "espaço" quanto de "éter" pelos físicos. Ele ensinou não só a sua dinâmica, mas também seu caráter inteligente e disse que a entidade que o rege está dentro do homem: "O reino de Deus está dentro de vós". Ele não só descreveu este reino dos céus em numerosas parábolas, como fez de sua conquista pelo homem o maior objetivo da existência humana. Ele não só o definiu como meta do homem, como o alcançou ele mesmo, demonstrando assim que o Seu ensino é prático, bem como verdadeiro.

Os cientistas nos dizem que o éter é carregado de eletricidade, magnetismo, raios de luz, raios X, raios cósmicos e outras radiações dinâmicas; que é a fonte de toda a vida, luz, calor, energia, gravitação, atração, repulsão; em suma, que é a essência *interpenetrante* de tudo o que existe na terra. Em outras palavras, a ciência dá ao éter todas as atrações do céu sem dizê-lo diretamente. Jesus sintetizou o assunto quando disse a seus seguidores que era o reino a partir do qual Deus vestia e alimentava todos os Seus filhos. *"Buscai, assim, em primeiro lugar, o seu reino e a sua justiça, e todas essas coisas vos serão acrescentadas."* (Mateus 6:33). A ciência diz que as partículas elétricas que se transformam em luz na atmosfera da nossa terra também são uma fonte de toda a substância e matéria. Jesus disse que Ele era a substância e o pão que vieram dos céus. Quando nossa civilização começará realmente a se apropriar e usar este poderoso oceano de substância e vida espiritualmente e fisicamente?

Essa substância mental inesgotável está disponível em todos os momentos e em todos os lugares para aqueles que aprenderam a contê-la na consciência. A maneira mais simples, curta e direta de fazer isso foi explicada por Jesus quando disse: *"Qualquer pessoa... que não houver dúvida em seu coração, mas crer que se realizará o que pede, assim lhe será feito"* (Marcos 11:23). Quando nós sabemos que existem certas ideias poderosas nas expressões mentais invisíveis, chamadas pela ciência tanto de "éter" como de "espaço", e que nos foi proporcionado o espírito para contê-los, é fácil colocar a *lei*[1] em ação por meio do pensamento e da palavra.

---

1 Quando o autor se refere "a lei" está se referindo a "lei ou as leis da prosperidade" descritas neste livro.

"Há uma maré nos assuntos dos homens, que tomada na enchente, leva à fortuna", disse Shakespeare. Essa enchente nos espera nos espaços cósmicos, o paraíso de Deus. A substância espiritual de onde vem toda a riqueza visível nunca se esgota. Ela está com você o tempo todo e responde à sua fé nela e suas exigências a ela. Ela não é afetada por nossa conversa ignorante de tempos difíceis, embora sejamos afetados porque nossos pensamentos e palavras governam nossa demonstração. O recurso infalível está sempre pronto para dar. Não tem escolha na questão; deve dar, pois essa é a sua natureza. Despeje suas palavras vivas de fé na substância onipresente e você prosperará, mesmo que todos os bancos do mundo fechem suas portas. Dirija a grande energia de seu pensamento para ideias de "abundância" e você terá abundância, independentemente do que os homens ao seu redor estejam dizendo ou fazendo.

Deus é substância, mas se com esta afirmação queremos dizer que Deus é matéria, uma coisa de tempo ou condição, então, devemos dizer que Deus é insubstancial. Deus não está confinado àquela forma de substância que chamamos de matéria. Deus é a essência intangível daquilo que o homem formou e chamou de matéria. A matéria é uma limitação mental daquela substância divina cujo caráter vital e inerente se manifesta em todas as expressões de vida.

A substância de Deus pode ser concebida como energia de Deus, ou luz do Espírito, e *"Deus disse: haja luz, e houve luz"* (Gênesis 1:3). Isso está em harmonia com as conclusões de alguns dos físicos mais avançados. Sir James Jeans diz, em *The Mysterious Universe*[2]:

"A tendência da física moderna é resolver todo o universo material em ondas, e nada além de ondas. Essas ondas são de dois tipos: ondas engarrafadas, que chamamos de matéria e ondas não engarrafadas, que chamamos de radiação ou luz. O processo de aniquilação da matéria é meramente desengarrafar a energia presa das ondas, e libertá-la para viajar pelo espaço."

---

[2] Livro do astrofísico James Jeans publicado em 1930.

O Espírito não é matéria. O Espírito não é uma pessoa. A fim de perceber a essência do *Ser*, devemos retirar de nossa mente todo pensamento de que Deus é de alguma forma circunscrito ou tem alguma das limitações que associamos a coisas ou pessoas que têm qualquer tipo de forma. *"Não farás para ti nenhuma imagem, de nada que se assemelhe ao que existe lá em cima, no céu, ou cá embaixo, na terra."* (Deuteronômio 5:8).

Deus é substância, não matéria, pois a matéria é formada, enquanto Deus é amorfo. A substância de Deus está por trás da matéria e da forma. É a base de toda forma, mas não assume nenhuma forma como finalidade. A substância não pode ser vista, tocada, provada ou cheirada, embora seja mais substancial que a matéria, pois é a única substancialidade no universo. Sua natureza é "suportar" ou "erguer-se por baixo" ou por trás da matéria como seu suporte e única realidade.

Jó diz: *"O Todo-Poderoso voltará a ser o teu tesouro mais precioso e a tua prata predileta."* (Jó 22:25). Isto se refere à substância universal, pois prata e ouro são manifestações de uma substância presente em toda parte e são usados como símbolos dela. Lew Wallace, em *Ben Hur*, refere-se ao reino como "ouro batido". Você, sem dúvida, em sua própria experiência, avistou essa substância presente em todo lugar em seu silêncio, quando parecia flocos de neve dourados caindo ao seu redor. Essa foi a primeira manifestação do transbordamento da substância universal em sua consciência.

A substância recebe forma primeiro na mente, e, uma vez que se torna manifesta, passa por uma atividade tripla. Ao lançar mão da substância na mente e trazê-la em manifestação, desempenhamos um importante papel. Fazemo-lo de acordo com o nosso decreto. *"Tudo que planejares realizar dará certo, e a luz brilhará constantemente em teus caminhos."* (Jó 22:28). Estamos sempre planejando, às vezes, conscientemente e muitas vezes inconscientemente, e a cada pensamento e palavra estamos aumentando ou diminuindo a atividade tríplice da substância. A manifestação resultante é de acordo com nosso pensamento. *"Porque, como ele pensa consigo mesmo, assim é."* (Provérbios 23:7).

Não há escassez do ar que você respira. Ele é abundante e te suprirá na quantidade que necessitares, mas se você fechar seus pulmões e se recusar a respirar, não o receberá e poderá sufocar por falta de ar. Quando você reconhece a presença e a abundância de ar, abre seus pulmões para respirá-lo profundamente e obtém uma inspiração maior. Isso é exatamente o que você deve fazer com sua mente em relação à substância. Há uma suficiência total de todas as coisas, assim como, há uma suficiência total de ar. A única falta que existe é a nossa própria falta de apropriação. Devemos buscar o reino de Deus e apropriarmo-nos corretamente, para que as coisas sejam acrescentadas a nós em abundância.

Existe um reino de abundância de todas as coisas, e ele pode ser encontrado por aqueles que o procuram e estão dispostos a cumprir suas *leis*. Jesus disse que é difícil para um homem rico entrar no reino dos céus. Isso não significa que seja difícil por causa de sua riqueza, pois o pobre não entra com mais rapidez e facilidade. Não é o dinheiro, mas as ideias que os homens têm sobre o dinheiro, sua fonte, sua propriedade e seu uso que os mantêm fora do reino. As ideias dos homens sobre dinheiro são como as ideias sobre todas as posses; eles acreditam que as coisas que saem da terra são suas para exigir e controlar como propriedade individual e podem ser acumuladas e confiadas, independentemente de quanto outros homens possam precisar delas. As mesmas ideias são prevalentes entre ricos e pobres, e mesmo que as duas classes de repente mudassem de lugar, as desigualdades de riqueza não seriam remediadas. Apenas uma mudança fundamental nas ideias de riqueza poderia fazer isso.

Para que haja qualquer mudança fundamental de cunho social ou econômico, os homens devem começar a compreender sua relação com Deus e de uns com os outros como herdeiros comuns do recurso universal, que é suficiente para todos. Eles devem desistir de algumas de suas ideias errôneas sobre seus "direitos". Devem aprender que não podem possuir e trancar o que pertence a Deus sem que eles mesmos sofram os efeitos desse sequestro. O homem pobre não é o que mais sofre nessa concentração de riqueza, pois ele não concentrou sua fé em coisas materiais e acorrentou sua alma a elas. Os que são ricos nas coisas deste mundo estão, por sua dependência nelas, amarrando-se às coisas materiais, estão na escuridão material.

Cada ideia de posse pessoal deve ser eliminada da mente para que os homens possam chegar à realização da provisão invisível. Eles não podem possuir dinheiro, casas ou terras de maneira egoísta, pois não podem possuir as ideias universais que esses símbolos representam. Nenhum homem pode possuir qualquer ideia como sua de forma permanente. Ele pode possuir seu símbolo material por algum tempo no plano dos fenômenos, mas são tais riquezas que "a traça e a ferrugem consomem e onde ladrões arrombam para roubar".

Os homens possuem como objetos de valor sua educação, ofício, capacidade ou talento intelectual. Os ministros do evangelho possuem erudição ou eloquência e se orgulham dessas posses espirituais. No entanto, mesmo estes são fardos que devem ser descarregados antes que possam entrar no reino dos céus. O santo que está inflado com sua bondade santa deve descarregar sua vaidade antes de entrar. Quem quer tenha ambição de fazer o bem, de superar seus semelhantes em retidão, deve perder sua ambição e desejo antes de contemplar a face do Pai que tudo provê.

O reino das causas pode ser comparado ao vapor em uma caldeira de vidro. Se o vidro for transparente, pode-se olhar bem para ele e não ver absolutamente nada. No entanto, quando uma válvula de escape é tocada, o vapor sai, se condensa e se torna visível. Mas, neste processo, também perdeu seu poder. A substância existe em um reino de ideias e é poderosa quando manuseada por alguém que conhece bem suas características. O ignorante abre as válvulas da mente e deixa as ideias fluírem para um reino com o qual nada têm em comum. As ideias poderosas de substância são condensadas em pensamentos de tempo e espaço, que a ignorância concebe como sendo necessários para sua fruição. Assim, seu poder se perde e uma fase cansativa, a da semeadura e colheita, é inaugurada para atender às demandas do mundo.

A mente que acredita nas posses pessoais limita a ideia plena. O mundo de Deus é um mundo de resultados que seguem as demandas sequencialmente. É neste reino que o homem encontra seu verdadeiro lar. O trabalho cessou para aquele que encontrou este reino interior. A provisão divina é gerada sem uma luta laboriosa: desejar é ter satisfação.

Este é o segundo passo da demonstração para aquele que se dedicou totalmente à orientação divina. Ele imediatamente entra em experiências mais fáceis e mais felizes do que o mundo oferece, quando faz acordos para seguir apenas o que é bom. Existe um grau avançado ao longo da mesma linha de iniciação nos mistérios do divino. Antes que este passo possa ser dado, uma limpeza mental mais profunda e completa deve ser feita. Um conjunto superior de faculdades é então despertado no interior do corpo e novas vias de expressão são abertas para os poderes do Espírito, não apenas no corpo, mas também nos assuntos do indivíduo. À medida que ele passa a exercer essas faculdades, pode encontrar algumas delas obstruídas pela crise de pensamentos mortos que alguma ideia egoísta depositou, o que o faz passar por uma nova limpeza. Se ele for obediente ao Espírito e estiver disposto a fluir sem objeções ou protestos, o caminho será fácil para ele. No entanto, se ele questionar e argumentar, como fez Jó, enfrentará muitas obstruções e sua jornada será longa e tediosa.

Novamente, aquele que busca o reino da substância ou pelos pães e peixes que possa obter, certamente ficará desapontado no final. Ele pode conseguir os pães e os peixes, é bem possível; mas se permanecer em sua alma algum desejo de usá-los para fins egoístas, o resultado final será desastroso.

Muitas pessoas estão buscando a ajuda do Espírito para a curar-se de seus males físicos. Elas não têm desejo de uma vida superior, mas ao descobrir que suas luxúrias e paixões foram restringidas por enfermidades físicas, querem apagá-las para que possam continuar em seu caminho carnal. Segundo a experiência de todos os que lidaram com o Espírito, ele é um vigoroso estimulante físico. Ele restaura a vitalidade do corpo até que ele fique ainda mais sensível ao prazer ou à dor do que era antes da aceleração espiritual. Essa supersensibilidade o torna mais suscetível e sujeito a uma decadência mais rápida, se mais indulgência for atendida. É por isso que aqueles que recebem tratamento espiritual devem estar totalmente instruídos na Verdade do ser. Eles devem ser informados de que a indulgência das paixões corporais é um pecado contra o seu sucesso em cada etapa da vida e, especialmente, na forma de finanças e prosperidade. Se a substância é dissipada todo tipo de escassez começa a ser sentida. A retribuição sempre segue a indulgência do apetite e da paixão pela mera sensação. Tanto pecadores quanto santos sofrem neste vale de loucura. A alternativa é dedicar-se aos negócios do Pai. Faça uma aliança definida e detalhada com o Pai, deposite seus desejos, apetites e paixões aos pés dEle e concorde em usar toda a sua substância da maneira mais exaltada. Então, você estará em busca do reino e todas as outras coisas lhe serão dadas.

Queremos fazer com que esta substância que a fé nos trouxe à mente seja duradoura e correta, para que não a percamos quando os bancos falirem ou os homens falarem de "tempos difíceis". Devemos ter em nossas finanças uma consciência da permanência da substância onipresente enquanto ela habita em nós. Algumas famílias ricas conseguem manter sua riqueza, enquanto outras a dissipam em uma geração, pois não têm a consciência da substância que as habita. Para muitos de nós existe um banquete ou uma penúria em termos de dinheiro, e precisamos de consciência permanente. Não há razão para não termos um fluxo contínuo e uniforme de substância, tanto na receita quanto na despesa. Se recebemos gratuitamente, também devemos dar e manter a substância em livre fluxo, confiantes em nosso entendimento de que nossa provisão é ilimitada e que está sempre disponível na mente onipresente de Deus.

Nesse entendimento, podemos suportar *"as fundas e flechas da fortuna ultrajante"* (O leitor Generoso, da peça Hamlet de Shakespeare), depressões, perdas e falências financeiras, e ainda ver Deus como substância abundante esperando para se manifestar. Foi o que Paulo quis dizer com *"vesti toda a armadura de Deus, a fim de que possais resistir firmemente no dia mau"* (Efésios 6:13). A substância que no passado se manifestou em nossos negócios ainda está aqui. É a mesma substância e não pode ser retirada. Embora pareça haver falta material, há bastante substância para todos. Estamos bem no meio dela. Como o peixe, podemos perguntar: "Onde está a água?", quando vivemos e nos movemos e temos nosso ser nela. Está na água, no ar em toda parte, abundante e gloriosa substância espiritual. Pegue esse pensamento e segure-o. Recuse-se a ser abalado de sua posição espiritual na plena prosperidade e abundância de Deus, e a provisão começará a vir do éter, e a abundância se tornará cada vez mais visível em seus assuntos.

Jesus Cristo era tão carregado de substância espiritual que, quando a mulher tocou em suas vestes, a virtude curativa saiu dela e ela foi curada. Havia milhares de pessoas na multidão, mas apenas a mulher que tinha fé naquela substância a recebeu. Já estava estabelecido em sua consciência e ela sabia que suas necessidades seriam atendidas se ela pudesse fazer o contato. Nisto há uma lição para nós. Sabemos que a força se manifesta em toda parte, pois a vemos no mundo mecânico. Uma grande locomotiva sai do pátio movendo-se lentamente no início, mas quando ganha impulso acelera nos trilhos como um raio. Assim é com a força espiritual. Às vezes começando com um pensamento muito pequeno, ela ganha impulso e eventualmente se torna uma ideia poderosa. Cada um de nós pode fortalecer seu domínio sobre o pensamento da substância divina até que se torne uma ideia poderosa, preenchendo toda a consciência e se manifestando como abundância em todas as nossas atividades.

Conforme você se apoderar dessa substância com sua mente, torne-a permanente e duradoura. Perceba sua unidade com ela. Você está unificado com a única substância viva, que é Deus, sua total suficiência. Dessa substância você foi criado, nela você vive, se move e tem o seu ser, por ela você é alimentado e prosperou.

A substância espiritual é firme e imóvel, duradoura. Não varia com os relatórios do mercado. Não diminui nos "tempos difíceis" nem aumenta nos "bons tempos". Não pode ser acumulada para causar uma deficiência na oferta e um preço mais alto. Não pode ser exaurida em doações para atender às necessidades da privação. É sempre a mesma, constante, abundante, circulando livremente e disponível.

A substância espiritual é uma coisa viva, não um acúmulo inanimado de pão que não satisfaz a fome, nem água que deixa de matar a sede. É o pão vivo e a água viva, e aquele que se alimenta da substância de Deus jamais terá fome nem terá sede. A substância é uma coisa permanente, não um depósito bancário que pode ser retirado e nem uma fortuna que pode ser perdida. É um princípio infalível que é tão certo em seu funcionamento quanto as leis da matemática. O homem não pode ser separado de seu suprimento de substância, assim como a vida não pode ser separada de sua fonte. Da mesma maneira que Deus permeia o universo e a vida permeia cada célula do corpo, a substância flui livremente através do homem, livre de qualquer limite ou qualificação.

Na nova era, que ainda está em seu alvorecer, teremos um espírito de prosperidade. Este princípio da substância universal será conhecido e posto em prática, e não haverá lugar para falta. A oferta será mais equalizada. Não haverá milhões de fardos de trigo mantidos em armazéns mofados enquanto as pessoas passam fome. Não haverá superprodução ou subconsumo ou outras desigualdades de oferta, pois a substância de Deus será reconhecida e usada por todas as pessoas. Os homens não acumularão fortunas num dia e as perderão no outro, porque não temerão mais a integridade de seus vizinhos, nem tentarão tirar a parte deles.

Esta é uma utopia impraticável? A resposta depende de você. Assim que você reconhecer individualmente a substância onipresente e aplicar sua fé nela, poderá procurar outros ao seu redor e incentivá-los a fazer o mesmo. "Um pouco de fermento leveda toda a massa", e até uma única vida que dá testemunho da verdade da lei da prosperidade irá acelerar a consciência de toda a comunidade.

Onde quer que esteja e seja qual for sua necessidade imediata, você pode demonstrar a *lei*. Se seus pensamentos estão confusos, fique quieto e entenda. Fique quieto e entenda que você é uno com a substância e com a lei de sua manifestação. Diga com convicção: *Eu sou a forte e imutável substância espiritual.*

Isso abrirá a porta de sua mente para um influxo de ideias repletas de substância. Conforme elas vierem, use-as à vontade. Não hesite e nem duvide que trarão resultados. São ideias de Deus ofertadas a você em resposta à sua oração e para suprir suas necessidades. Elas são substância, inteligentes, amorosas, ansiosas para se manifestarem e atenderem às suas necessidades.

Deus é a fonte de uma poderosa corrente de substância, e você é um tributário dessa corrente, um canal de expressão. Abençoar a substância aumenta seu fluxo. Se o seu estoque de dinheiro estiver baixo ou sua bolsa parecer vazia, pegue-a nas mãos e abençoe-a. Veja-a cheia da substância viva pronta para se manifestar. Ao preparar suas refeições, abençoe a comida com o pensamento da substância espiritual. Quando você se vestir, abençoe seus trajes, e perceba que você está sendo constantemente vestido com a substância de Deus. Não centralize seu pensamento em si mesmo, em seus interesses, em seus ganhos ou perdas, mas perceba a natureza universal da substância. Quanto mais consciente você for da presença da substância viva mais ela se manifestará para você, e mais rico será o bem comum de todos.

Não acredite na palavra de ninguém, mas experimente a lei por si mesmo. A compreensão da substância do outro não garantirá sua provisão. Você deve se tornar consciente disso por si mesmo. Identifique-se com a substância até torná-la sua; isso mudará suas finanças, destruirá seus medos, findará suas preocupações e você logo começará a se alegrar com a onipresente generosidade de Deus.

Fique quieto e volte-se para a grande fonte. Veja com os olhos da fé que o mundo inteiro está cheio da substância. Observe-a caindo sobre você como flocos de neve de ouro e prata, e afirme com segurança:

Jesus Cristo agora está aqui, elevando-me à sua consciência da substância onipresente e provedora de Deus, e minha prosperidade está garantida.

Tenho fé ilimitada na substância espiritual onipresente aumentando e multiplicando minha palavra.

LIÇÃO DOIS

A MENTE ESPIRITUAL: DIRETRIZ ONIPRESENTE DO PRINCÍPIO DA PROSPERIDADE

Tudo o que existe no universo teve origem na mente. A mente desenvolve ideias e as ideias se expressam por meio de pensamentos e palavras. Compreendendo que as ideias têm existência permanente e que desenvolvem pensamentos e palavras, vemos como é inútil qualquer tentativa de reforma que não as leve em consideração. É por isso que a legislação e as regras externas de ação são tão fracas e transitórias quanto as reformas.

As ideias geram correntes de pensamento como o fogo sob uma caldeira gera vapor. A ideia é o fator mais importante em todo ato, e deve ter o primeiro lugar em nossa atenção se quisermos produzir algum resultado de caráter permanente. Os homens formulam pensamentos e os pensamentos movem o mundo.

As ideias são centros de consciência. Elas têm um polo positivo e um polo negativo e geram pensamentos de todos os tipos concebíveis. Dessa forma, o corpo, a saúde, a inteligência, as finanças de um homem, na verdade, tudo nele deriva das ideias às quais ele dá atenção.

O homem nunca teve um desejo que não pudesse em algum lugar, na providência de Deus, ser realizado. Se isso não fosse verdade, o Universo seria fraco em seu ponto mais vital. O desejo é o impulso adiante da alma em constante evolução. Ele se constrói de dentro para fora e carrega consigo sua realização como um corolário necessário.

Tudo é mente. Então, tudo o que percebemos são expressões da mente. Assim, a mente é realidade e também aparece como fenômeno. A existência da mente é apenas um lado dela. O ser não se limita ao nível da existência; ele tem todas as possibilidades, incluindo a de irromper de suas inerências para o reino das aparências. A mente tem esses dois lados, ser e aparência, o visível e o invisível. Dizer que a mente é tudo e, ainda assim, negar que o que é perceptível tenha algum lugar na totalidade é afirmar apenas meia-verdade.

Uma ideia é capaz de ser enunciada como uma proposição. A declaração é feita em resposta a um desejo de saber experimentalmente se a proposição é passível de prova. Diversos elementos estão envolvidos no enunciado de uma proposição que não são partes integrantes dela em si, mas são necessários para sua realização. No problema matemático mais simples são utilizados processos que não são preservados após a resolução do problema, mas que são necessários à sua solução. Os números por meio dos quais chegamos à solução são imediatamente esquecidos, mas não podiam ser dispensados, e a eles nós devemos o resultado. O resultado exato de cada etapa na solução é uma questão de experimento. As etapas intermediárias podem ser alteradas ou refeitas muitas vezes, mas, no final, o problema é resolvido e a realização do resultado desejado é obtida. Se isso é verdade para o problema mais simples da aritmética, é igualmente verdade para a criação do Universo. "Assim como em cima, o mesmo embaixo." É aqui que muitos que viram a perfeição e a totalidade do ideal deixam de demonstrar. Eles negam a aparência porque ela não expressa perfeição em sua integridade.

O estudante nas profundezas de um problema matemático que deveria julgar apagaria, assim, todos os seus números porque a resposta não era aparente de imediato, embora ele já possa ter completado boa parte do processo que conduz à resposta desejada. Não diríamos que é sábio o fazendeiro que corta o milho no pendão porque ele não mostra as espigas maduras. Não tire conclusões precipitadas. Estude uma situação cuidadosamente em seus vários aspectos antes de decidir. Considere os dois lados, o visível e o invisível, o interno e o externo.

O próprio fato de você ter uma condição ou um mundo ideal em sua mente traz consigo a possibilidade de sua realização na expressão. O ser não pode fugir da expressão. Pensar é se expressar, e você está pensando constantemente. É possível negar que as coisas do mundo exterior tenham existência, mas enquanto viver em contato com elas você as estará reconhecendo. Quando você afirma o ser e nega a expressão do ser, é como se fosse uma "casa dividida contra si mesma".

Todos já nos perguntamos por que não entendemos mais a verdade do que entendemos, ou por que é necessário entendê-la, uma vez que Deus é onisciente e onipresente. Compreender é uma das partes essenciais de sua identidade *EU SOU*. O homem é um ponto focal na consciência de Deus e o expressa. Portanto, ele deve compreender os processos que geram essa expressão. A *Mente infinita* está aqui com todas as suas ideias como um recurso para o homem, e o que somos ou nos tornamos é o resultado dos nossos esforços para acumular em nossa própria consciência todos os atributos da *Mente infinita*. Aprendemos que podemos acumular ideias de poder, força, vida, amor e abundância. Como devemos usar essas ideias ou colocá-las em expressão externa sem compreender? Onde devemos obter essa compreensão, exceto da fonte de todas as ideias, a *Mente única*? "Mas, se algum de vós tem falta de sabedoria, roga a Deus, que a todos concede liberalmente, com grande alegria; e lhe será dada."

Ao seguir os princípios da matemática, usamos regras. Existe uma regra de adição que devemos observar quando adicionamos; outras regras que devem ser seguidas quando subtraímos ou multiplicamos. As ideias da *Mente divina* só podem ser expressas quando seguimos as regras ou leis da mente, e essas regras exigem compreensão se quisermos segui-las de forma inteligente e obter resultados. O homem recebe todo o poder e autoridade sobre todas as ideias da *Mente infinita* e a ideia de sabedoria é uma delas.

Intimamente associada à ideia de sabedoria na *Mente Divina* está a ideia de amor. Essas ideias são o polo positivo e o polo negativo do Princípio criativo. "Macho e fêmea Ele os criou." As ideias de Deus-Mente são expressas por meio da conjunção de sabedoria e amor. Deus ordenou que essas duas ideias fossem frutíferas e se multiplicassem e ocupassem toda a terra com pensamentos expressos.

Temos acesso ao reino divino, do qual todos os pensamentos são projetados no mundo. Estamos constantemente pegando ideias do mundo espiritual e formando com elas nossa própria concepção das coisas que desejamos. Às vezes, o produto acabado não nos satisfaz ou agrada. Isso porque retiramos a ideia de seus verdadeiros pais, sabedoria e amor, e a deixamos crescer até a maturidade em uma atmosfera de erro e ignorância.

No que diz respeito ao dinheiro ou às riquezas, retiramos a ideia da substância pura do reino espiritual, depois esquecemos a ideia da substância e tentamos elaborá-la em uma atmosfera material de pensamento. Era uma ideia maravilhosa, mas quando a tiramos da sabedoria e do amor de seus pais espirituais ela se tornou uma criança rebelde e decepcionante. Mesmo que sem amor e compreensão da substância você acumule ouro e prata, seu estoque não será estável ou permanente. Irá flutuar, causando-lhe preocupação e tristeza. Existem muitas pessoas que "não sabem o valor de um dólar", com quem o dinheiro vai e vem, que são ricas hoje e pobres amanhã. Elas não têm compreensão da substância que é a realidade subjacente de toda riqueza.

Para possuir uma provisão adequada em todos os momentos, um fluxo constante que nunca é suficiente para se tornar um fardo, mas sempre suficiente para atender a todas as demandas, devemos nos unir ao Espírito que sabe como tratar as ideias como substância. Os homens têm a ideia de que a substância material é limitada e se envolvem em uma competição tentando agarrar o dinheiro uns dos outros. A *Mente divina* tem ideias de substância como ilimitadas e presentes em todos os lugares e igualmente disponíveis para todos. Uma vez que o trabalho do homem é expressar ideias de substância na forma material, devemos encontrar uma maneira de conectar ideias de substância com ideias de expressão material para ajustar as ideias da mente humana com as ideias da *Mente divina*. Isto é alcançado pela fé por meio da oração.

A parte da Oração do Senhor que diz: "O pão nosso de cada dia nos dai hoje", é mais corretamente traduzida como "Dai-nos hoje a substância do pão de amanhã". Com a oração, acumulamos em nossa mente ideias de Deus como a substância de nossa provisão e suporte. Não há falta dessa substância na *Mente infinita*. Independentemente de quanto Deus dê, sempre fica uma abundância. Deus não nos dá coisas materiais, mas substância da Mente — não dinheiro, mas ideias, ideias que colocam as forças espirituais em movimento para que tudo comece a chegar até nós pela aplicação da lei.

Pode ser que você resolva seus problemas financeiros em seus sonhos. Os homens costumam pensar sobre seus problemas antes de dormir, e obtêm uma solução em seus sonhos ou imediatamente ao acordar. Isso é porque sua mente estava tão ativa no plano intelectual que eles não conseguiam fazer contato com o plano interior silencioso onde as ideias atuam. Quando a mente consciente se acalma e a pessoa faz contato com a superconsciência, ela começa a nos mostrar como nossos negócios vão funcionar ou como podemos ajudar a trazer a prosperidade desejada.

Esta é a lei da mente. O princípio está dentro de cada um de nós, mas devemos ser vivificados espiritualmente na vida e no entendimento antes de podermos trabalhar com o sucesso de acordo com ele. No entanto, não devemos desconsiderar a compreensão do homem natural. A mente em nós que raciocina e olha para o lado físico das coisas também tem a capacidade de olhar para dentro. É a porta pela qual as ideias divinas devem passar.

Jesus, o Filho do homem, chamou a si mesmo de "a porta" e "o caminho". É o plano divino que toda expressão ou demonstração venha por meio deste portal da mente humana. Mas, acima de tudo, estão as ideias que existem no estado primordial do *Ser*, e esta é a verdade da qual devemos nos tornar conscientes. Devemos estar cientes da fonte de nossa substância. Então, podemos diminuir ou aumentar a aparência de nossa provisão ou de nossas finanças, pois sua aparência depende inteiramente de nossa compreensão e do manejo das ideias de substância.

Está próximo o tempo em que não teremos de trabalhar para obtermos algo ou mesmo para suprirmos nossas necessidades físicas na forma de alimentos e roupas, pois elas chegarão a nós por meio do acúmulo de ideias corretas em nossa mente.

Começaremos a entender que a roupa representa uma ideia de substância e a comida outra, cada coisa que se manifesta é representativa de uma ideia. No Capítulo 2 do Gênesis esta substância viva é chamada "pó da terra" em hebraico, e Adão foi formado por ele. Descobrimos que a substância elementar está em nosso corpo. O reino dos céus ou reino de Deus está dentro do homem. É um reino de substância e da Mente. Esta Mente interpenetra nossa mente e nossa mente interpenetra e permeia o nosso corpo. Sua substância permeia todos os átomos de nosso corpo. Você está lhe dando atenção, ou ainda procura fontes externas para obter provisões? Você medita e ora por uma compreensão dessa substância onipresente? Se estiver, ela virá, e demonstrará prosperidade a você. Quando ela o fizer, você estará seguro, pois nada poderá lhe tirar a verdadeira prosperidade. É a lei que não falha e não pode falhar quando posta em ação no modo correto.

Esta lei de prosperidade foi provada repetidas vezes. Todos os homens que prosperaram a usaram, pois não há outra maneira. Talvez, não estivessem conscientes de seguir métodos espirituais definidos, mas de alguma forma colocaram a lei em funcionamento e colheram o benefício de sua ação infalível. Outros tiveram que lutar para conseguir as mesmas coisas. Lembrem-se de que Elias teve que continuar orando e afirmando por um longo tempo antes de demonstrar a chuva. Ele enviou seu servo pela primeira vez, e não havia sinal de nuvem. Ele orou e o mandou sair várias vezes com o mesmo resultado, mas, por fim, depois de repetidos esforços, o servo disse que viu uma pequena nuvem. Então, Elias disse-lhes que se preparassem para a chuva, e ela veio. Isso mostra uma continuidade no esforço que, às vezes, é necessária. Se sua prosperidade não se manifestar assim que você orar e afirmar que Deus é sua substância, sua provisão e seu apoio, recuse-se a desistir. Mostre sua fé continuando o trabalho. Você tem muitas Escrituras para apoiá-lo. Jesus ensinou isso do início ao fim de Seu ministério e o demonstrou em muitas ocasiões. Muitos têm feito a mesma coisa em Seu nome.

Jesus chamou a atenção de Seus seguidores para este reino interior da mente que é a substância do reino de Deus. Ele ressaltou que os lírios do campo estavam gloriosamente vestidos, ainda mais finos do que Salomão em toda a sua glória. Não temos que trabalhar laboriosamente no exterior para realizar o que o lírio faz de maneira silenciosa e bela. Muitos de nós corremos tentando resolver nossos problemas por nós mesmos e do nosso próprio jeito, com uma ideia, uma visão: a coisa material que buscamos. Precisamos dedicar mais tempo à meditação silenciosa e, como os lírios do campo, simplesmente ser pacientes e crescer em nossas demonstrações. Devemos sempre lembrar que essas ideias de substância com as quais estamos trabalhando são ideias eternas que sempre existiram e continuarão a existir, as mesmas ideias que formaram este planeta, em primeiro lugar, e que o sustentam agora.

Um grande astrônomo alemão havia trabalhado a maior parte de sua vida com o desejo de saber mais sobre as estrelas. Uma noite, de repente e estranhamente − porque ele havia dado pouca atenção ao lado espiritual das coisas −, começou imediatamente uma oração de agradecimento por causa da perfeita ordem e harmonia dos céus.

Sua oração era: "Ó Deus, estou pensando os Teus pensamentos depois de Ti". A alma daquele homem havia naquele momento feito o contato e a união com a *Mente infinita*. Mas, embora esse contato pareça ter sido feito de repente, foi o resultado de um longo estudo e da preparação de sua mente e de seu pensamento. Jesus Cristo expressou a mesma reconciliação com Deus no momento do Seu milagre supremo, a ressurreição de Lázaro. Suas palavras foram: "Pai, dou-te graças porque me ouviste. E eu sabia que tu me ouves sempre".

Isso nos mostra outro lado da *lei da prosperidade*. Abrimos o caminho para grandes demonstrações ao reconhecer a Presença e elogiando-a, agradecemos ao Pai pela aceleração espiritual. Nós aceleramos nossa vida afirmando que estamos vivos com a vida do Espírito; nossa inteligência, afirmando nossa unidade com a inteligência divina; e aceleramos a substância que nos habita e interpenetra, reconhecendo-a e afirmando-a como nossa. Devemos meditar nesse entendimento e agradecer sinceramente a Deus por esse reino onipresente de ideias, porque podemos pensar Seus pensamentos segundo Ele. Podemos agradecer ao Pai porque Seus pensamentos são nossos pensamentos e nossa mente natural é iluminada pelo Espírito. Podemos iluminar nossa mente a qualquer momento afirmando este pensamento:

Agradeço a Ti, Pai, porque penso Teus pensamentos depois de Ti, e meu entendimento é iluminado pelo Espírito.

Os pensamentos espirituais são infinitos em sua potencialidade, cada um sendo medido pela vida, inteligência e substância com a qual é expresso. O pensamento é posto em expressão e atividade pela palavra. Cada palavra é um pensamento em atividade e, quando falada, sai como uma força vibratória que é registrada na substância que tudo provê.

A vibração mais poderosa é criada ao se falar o nome de Jesus Cristo. Este é o nome que é chamado de "muito acima de qualquer regra e autoridade", o nome acima de todos os nomes, contendo em si mesmo todo o poder do céu e da terra. É o nome que tem o poder de moldar a substância universal. É uno com a substância Pai e Mãe e, quando falado, põe em ação forças que trazem resultados. *"Tudo o que pedirdes ao Pai em meu nome, ele pode conceder."* (João 14:13). *"Se pedirdes alguma coisa em meu nome, eu o farei."* (João 14:14). Não poderia haver nada mais simples, fácil ou livre de condições na demonstração da oferta. *"Até agora [antes que o nome de Jesus Cristo fosse dado ao mundo] nada pedistes em meu nome: pedi e recebereis, para que a vossa alegria seja completa."* (João 16:24).

As palavras de Jesus Cristo tinham um imenso poder por causa de sua consciência de Deus. Elas elevaram o ideal de Deus muito acima do que já havia sido concebido. Essas ideias transcendiam de tal forma o plano do pensamento das pessoas que até alguns dos discípulos de Jesus não as aceitaram, e eles "não andaram mais com Ele". Até bem recentemente, a maioria dos homens não conseguia compreender a lição do poder da palavra falada para expressar ideias espirituais. Jesus nunca foi levado ao pé da letra, do contrário, os homens teriam procurado vencer a morte guardando suas palavras. Poucos aceitaram as palavras de Cristo com plena fé, não apenas crendo nelas, mas saturando tanto suas mentes com elas que se tornaram carne de sua carne e osso de seus ossos, encarnando em seus próprios corpos, como Jesus pretendia.

O segredo da demonstração é conceber o que é verdadeiro no *Ser* e realizar o conceito em pensamento, palavra e ato. Se posso conceber uma verdade, deve haver uma maneira de tornar essa verdade aparente. Se posso conceber a existência de um suprimento inesgotável nos éteres onipresentes, há uma maneira pela qual posso tornar esse suprimento um manifesto. Uma vez que sua mente aceite isso como uma verdade axiomática, ela chega ao ponto em que a questão dos processos começa a ser considerada.

Ninguém jamais vê plenamente os passos que deve dar para alcançar certo fim. Ele pode ver, de modo geral, que deve ir de um ponto a outro, mas nem todos os detalhes são definitivos, a menos que ele já tenha passado pelo mesmo terreno. Portanto, na demonstração dos poderes espirituais conforme expressos pelo homem, devemos estar dispostos a seguir as instruções de alguém que provou seu entendimento da *lei* por meio de suas demonstrações.

Todos nós sabemos intuitivamente que há algo de errado em um mundo onde prevalece a pobreza, e não criaríamos conscientemente um mundo em que existisse a condição de pobreza. A escassez de qualquer tipo não é possível em todo o Universo de Deus. Portanto, quando há uma aparência de pobreza em qualquer lugar é nosso dever negá-la. Tristeza e sofrimento acompanham a pobreza, e queremos ver tudo isso eliminado. Esse desejo é um dedo apontando o caminho para o seu desaparecimento. À medida que a consciência do reino dos céus com sua vida e substância abundantes tornar-se cada vez mais comum entre os homens, essas condições negativas desaparecerão da existência aparente.

Jesus disse que todas as coisas deveriam ser dadas àqueles que buscam o reino dos céus. Não temos que esperar até entrarmos completamente no reino, ou alcançarmos uma compreensão total do Espírito para que a prosperidade comece a se manifestar, mas temos que buscar e voltar a atenção nessa direção. Então, as coisas começam a nos ser dadas. Milhares de pessoas estão provando a *lei* nesta era. Elas aceitam a promessa das Escrituras e esperam que Deus supra todas as suas necessidades. No início de sua busca, podem ter pouco para encorajá-las a acreditar que serão sustentadas ou ajudadas de alguma maneira específica. Mas cumprem o mandamento de buscar e, com fé, agem como se estivessem recebendo e, gradualmente, novas formas de ganhar a vida se abrem para elas. Às vezes, abrem-se caminhos aos quais são estranhos, mas elas encontram experiências agradáveis e são encorajadas a continuar buscando o reino de Deus e regozijando-se em sua generosidade sempre crescente.

Muitas dessas pessoas, atualmente, estão usando sabiamente seu talento único. Talvez, não tenham visto o Santo dos Santos naquele santuário interior, mas estão se aproximando dele. Este é o passo que todos precisamos dar: começar a buscar esse reino da substância de Deus. Confie na promessa e veja o resultado nas correntes mentais que se movem ao nosso redor. Talvez você não seja capaz de ver exatamente em que ponto o sucesso começou, ou que palavra exata de fidelidade ao Pai entrou em vigor, mas com o passar das semanas ou meses você observará muitas mudanças ocorrendo em sua mente, seu corpo e seus negócios. Você descobrirá primeiro que suas ideias se ampliaram imensamente, que seu pequeno mundo limitado se transformou em um grande mundo. Achará sua mente mais alerta e verá claramente onde estava em dúvida, pois começou a pensar nas realidades, e não nas aparências. A consciência de uma mão onipotente guiando todos os seus negócios irá colocá-lo em confiança e segurança, que se estenderá ao bem-estar do corpo e do entorno. Haverá uma redução ou total ausência de preconceito e crítica em você. Você será mais misericordioso e generoso, e não julgará com severidade. Outras pessoas sentirão que houve uma mudança em você e o apreciarão mais, demonstrando isso de muitas maneiras. As coisas virão em sua direção, sendo acrescentadas a você, de fato, de acordo com a promessa.

Tudo isso é verdade não apenas para seus próprios assuntos. Os efeitos se estendem também àqueles com quem você entra em contato. Eles também se tornarão mais prósperos e felizes. Eles não podem de forma alguma conectar sua melhora com você ou seus pensamentos, mas isso não afeta a verdade a esse respeito. Todas as causas são essencialmente mentais, e quem quer que tenha contato diário com um pensamento de ordem superior deve assumir parte dele. As ideias são contagiosas e ninguém pode viver em uma atmosfera de pensamento verdadeiro, onde ideias elevadas são afirmadas, sem ficar mais ou menos vacinado por elas.

Não espere que milagres sejam realizados para você, mas espere que a lei com a qual você se identificou resolva seu problema por meio das possibilidades latentes em seu interior e ao redor. Acima de tudo, seja você mesmo. Deixe o Deus dentro de você se expressar através de você no mundo exterior.

Vós sois deuses,
E todos, filhos do Altíssimo (Salmos 82).

A ideia de Deus abrange uma infinidade de forças criativas. Neste caso, você que está trabalhando para trazer prosperidade aos seus negócios. Portanto, deve preencher sua mente com imagens e pensamentos de um Pai que tudo provê e tudo supre. Os antigos hebreus entenderam isso. Eles tinham sete nomes sagrados para Jeová, cada um dos quais representava uma ideia específica de Deus. Eles usavam o nome de Jeová-jiré quando desejavam se concentrar no aspecto da substância. Significa "Jeová proverá", o Poderoso cuja presença e poder provê, independentemente de qualquer circunstância oposta. Para despertar a consciência da presença de Deus, os hebreus usavam o nome Jeová-shammah, que significa "Jeová está aí" e "o Senhor está presente". Perceba o Senhor presente como mente criativa, pulsando no éter como produtividade viva.

Carregue sua mente com afirmações que expressam abundância. Nenhuma afirmação em particular levará alguém da pobreza à riqueza, mas todas as afirmações que trazem ideias de abundância o levarão à consciência que cumpre a lei. Negue a escassez em qualquer lugar ou realidade em seu pensamento ou em seus negócios e afirme a abundância como a única aparência. Elogie o que você tem, mesmo que seja pouco, e insista que está constantemente aumentando.

A concentração diária da mente no Espírito e seus atributos revelará que as forças elementais que fazem todas as coisas materiais estão aqui no éter, aguardando nosso reconhecimento e apropriação. Não é necessário conhecer todos os detalhes da lei científica para demonstrar prosperidade. Fique em silêncio diariamente em um horário determinado, concentre-se na substância do Espírito preparada para você desde a fundação do mundo. Isso abre uma corrente de pensamento que trará prosperidade para seus negócios. Um bom pensamento para se ter nesta meditação é:

A substância invisível se molda ao meu pensamento abundante, e eu sou rico em mente e manifestação.

LIÇÃO TRÊS

FÉ NA SUBSTÂNCIA INVISÍVEL: A CHAVE PARA A DEMONSTRAÇÃO

Nesta lição, vamos considerar o assunto da fé, especialmente no que se refere à demonstração de prosperidade. Neste estudo, como em todos os outros, devemos começar a partir da Mente única. Deus teve fé quando imaginou o homem e o universo, e através de Sua fé deu existência a todas as coisas. O homem, sendo como Deus, também deve basear suas criações na fé como único fundamento. Aqui está nosso ponto de partida para construir uma consciência de prosperidade e fazer nosso mundo como o desejamos. Todos temos fé, pois ela é inata em cada homem. Nossa questão é entender como podemos colocá-la para funcionar em nossos negócios.

Jesus Cristo nos deu nosso melhor entendimento da fé quando descreveu Pedro como uma "rocha" e afirmou que Sua igreja, a *ecclesia*[3] ou "os chamados", deveria ser construída tendo essa rocha ou fé como seu alicerce seguro. Nesse sentido, a fé representa a substância, o princípio básico e subjacente de toda manifestação. Assim, Paulo entendeu quando deu sua definição frequentemente citada: *"Ora, a fé é a certeza de que haveremos de receber o que esperamos, e a prova daquilo que não podemos ver"* (Hebreus 11:1).

É bastante possível possuir uma realidade que não pode ser vista, tocada ou compreendida pelos sentidos externos. A fé é quando estamos plenamente conscientes das "coisas que não podemos ver" e temos a "certeza das coisas" ainda não manifestas. Em outras palavras, a fé é a nossa consciência da realidade da substância invisível e

---

3 Na Grécia antiga se referia a uma assembleia de cidadãos, especialmente, os atenienses, mas *ecclesia* também quer dizer igreja. (Palavra de origem grega).

dos atributos da mente pelos quais nós a apreendemos. Devemos perceber que a mente torna as coisas reais. "Apenas um pensamento" ou "apenas uma simples ideia", às vezes, quando dizemos levianamente e sem pensar, que esses pensamentos e ideias são as realidades eternas a partir das quais construímos nossa vida e nosso mundo.

A fé é o poder de percepção da mente ligado ao poder de moldar a substância. Você ouve falar de uma determinada proposta que o atrai e diz: "Tenho fé nessa proposta". Um homem cujo caráter parece correto é descrito a você, e você diz: "Eu tenho fé nesse homem". O que você quer dizer com ter fé? Você quer dizer que certas características dos homens ou das coisas o atraem, e estas imediatamente começam um trabalho construtivo em sua mente. Que trabalho é esse? É o trabalho de tornar a proposta ou o homem real para a sua consciência. O caráter e os atributos das coisas em sua mente tornam-se substanciais para você por causa de sua fé. O oficio da fé é pegar ideias abstratas e dar-lhes forma definitiva em substância. As ideias são abstratas e amorfas para nós até que se tornem substância, a substância da fé, sobre a qual Paulo nos fala.

Um trabalho muito importante na cultura da alma é o estabelecimento de uma substância de fé. Quando discernimos essa lei da edificação da alma pela fé, encontramos as Escrituras Hebraicas repletas de ilustrações dela. O primeiro capítulo do Evangelho de Lucas nos conta como Isabel e Zacarias foram informados por um anjo de que eles teriam um filho, e que o nome dele seria João. Zacarias queimava incenso no altar no exercício de suas funções de sacerdote. Isso significa que quando a mente está olhando para o Espírito, mesmo que seja de forma cega, e está buscando coisas espirituais, ela se tornará espiritualizada. A queima de incenso tipifica a espiritualização. Zacarias representa as qualidades perceptivas e Isabel as qualidades receptivas da alma.

Quando esses dois trabalham em conjunto em oração, meditação e aspiração, a alma se abre aos pensamentos superiores ou anjos que trazem a promessa de um novo e definido estado de consciência. Zacarias duvidou da promessa de um filho porque sua esposa já havia passado da idade de gerar filhos e, por causa de suas dúvidas, ele ficou mudo. Isso significa que, quando percebemos a Verdade espiritual e duvidamos dela retardamos sua expressão externa; e ela não pode se manifestar através de nós por causa de nossa dúvida. Então, todo o crescimento é relegado à alma. Isabel "escondeu-se durante 5 meses", mas quando a alma começa a sentir a presença do novo ego ou novo estado de consciência, voltamos à expressão da fé: a fala de Zacarias é restaurada.

Foi da mesma forma na gestação de Jesus. Uma promessa foi feita primeiro a Maria, e José teve a certeza de que a criança era descendente do Espírito Santo. Isso representa um passo ainda mais alto na obra de fé. A geração de João Batista é a percepção intelectual da Verdade. O intelecto apreende a verdade primeiro. O próximo passo é produzir substância e vida no subconsciente. Quando nos entregamos inteiramente ao Espírito, podemos fazer coisas sem saber exatamente o porquê. Isso porque a fé está operando em nós, e mesmo que não conheçamos a lei e não possamos explicar a fé à consciência externa, ela continua a fazer seu trabalho perfeito e, por fim, traz a demonstração.

Não tema o poder que opera as coisas no invisível. Quando você tiver uma forte percepção de algo que sua mente interior lhe diz ser verdadeiro e bom, aja de acordo com isso e sua demonstração virá. É assim que funciona uma fé viva, e é a lei de sua palavra criativa.

A fé também pode ser acrescida de compreensão. Chamamos nossas faculdades espirituais para fora de nosso subconsciente. Quando Jesus fez algumas de suas obras mais notáveis estava com Pedro, Tiago e João; Pedro representa a fé, Tiago a sabedoria ou o julgamento e João o amor. Essas três faculdades, quando se expressam juntas na mente, realizam milagres aparentes. Você invocou a fé nas coisas espirituais, tem fé em Deus e cultivou sua unidade com a Mente única. Sendo assim, se você usa o julgamento espiritual e faz seu trabalho com amor, você se tornou um "mestre em Israel".

Para ter entendimento da lei, por meio da qual ganhamos ou perdemos no uso da substância invisível, devemos usar a discriminação ou julgamento. Há uma inteligência condutora sempre presente que podemos utilizar e fazer a nossa. É nossa. Pertence a nós e é nosso direito inato conhecê-la e usá-la. Alguns metafísicos pensam erroneamente que devem passar por experiências difíceis para apreciar as melhores coisas da vida. Eles acham que a pobreza é uma bênção porque ela educa as pessoas para a apreciação da abundância quando a obtêm. Eles dizem que é a vontade de Deus que passemos por alguns momentos difíceis e alguns bons, banquetes e penúria. Isso não é logicamente verdadeiro quando você considera Deus como princípio. Se você pensar em Deus como um homem que arbitrariamente dá ou retém pelo exercício de Sua vontade pessoal, poderá chegar a essa conclusão. Mas Deus é imutável. E se Ele der em um momento, continuará a dar eternamente. É Sua natureza dar e Sua natureza é eternamente a mesma. Quando você fala de tempos difíceis, fome e escassez, está falando de algo que não tem lugar na mente de Deus. Você não está reconhecendo Deus em todos os seus caminhos, mas está reconhecendo o erro e afirmando que o mundo tem origem nas coisas externas. Você deve dar a volta e entrar nessa consciência de que na Mente, no Espírito, há abundância.

Muitas vezes nos perguntamos como Jesus pôde multiplicar os cinco pães e dois peixes para satisfazer a fome de 5 mil pessoas. Isso foi feito por meio de um entendimento completo dessa lei. Os cinco pães representam a aplicação dos cinco sentidos da substância divina. Os dois peixes representam o fermento ou o poder multiplicador colocado na substância, a fonte do aumento.

Dizem que se o fermento de uma única porção de pão pudesse aumentar, preencheria um espaço maior que este planeta. Isso mostra que não há limite para o poder crescente da substância elementar. Assim como Jesus, nós devemos usar esse poder. Não foi um milagre, mas algo que todos nós temos dentro de nós como uma habilidade latente e que podemos aprender a desenvolver e usar como fez Jesus.

Jesus entrou em silêncio; orou e abençoou a substância em questão. Se quisermos multiplicar e aumentar o poder, a substância e a vida em nós e sob nosso comando, devemos ficar muito quietos e perceber que nosso recurso é o Espírito, que é Deus e que está aqui em toda a sua plenitude. Devemos fazer contato com isso na fé. Então, nós o descobriremos brotando dentro de nós. Alguns de vocês, sem dúvida, tiveram essa experiência. Mas, se você simplesmente deixar que ela se perca sem entendê-la, não terá nenhum benefício. Esta é a chave para essa vida e a substância que você sente quando fica em silêncio. Você deve começar a falar essas palavras com poder e autoridade.

Quando existe uma crença mundial na depressão financeira, falta de circulação e estagnação, as coisas correm como esperamos e desenvolvemos o medo e a crença na falta de circulação do dinheiro. Mas, se conhecemos a lei, não somos dominados por essa ideia de medo. Muitas pessoas estão ganhando dinheiro agora; elas estão usando essa lei e aproveitando a oportunidade. Devemos abençoar tudo o que temos, pois podemos aumentar e multiplicar o que temos proferindo palavras. Jesus disse que as Suas palavras eram espírito e vida. Você já pensou que sua palavra é carregada de grande força de vida espiritual? Ela é! Tenha cuidado com as suas palavras. O homem deve ser responsabilizado por sua palavra mais leve. Se você falar sobre a substância de forma negativa, suas finanças diminuirão, mas se você falar sobre ela de forma ampla e apreciativa, você prosperará.

Se pudéssemos liberar a energia dos átomos de que nos falam os cientistas, poderíamos abastecer o mundo todo. Esse poder está dentro de cada um de nós. Podemos começar libertando as pequenas ideias que temos e fazendo-as preencher o mundo com pensamentos de abundância. Devemos perceber que todo o poder nos é dado no céu e na terra como Jesus disse. Ele disse a seus discípulos que eles deveriam receber poder quando o Espírito Santo pairasse sobre eles. Foi-lhes dito que subissem ao cenáculo, no alto da cabeça, onde as forças espirituais começam a formar novas ideias. Depois de entrar na consciência espiritual e receber a aceleração, fale a palavra com autoridade e poder, concentrando a atenção no centro de energia na garganta. Achamos eficaz falar as palavras em voz alta e depois voltar para "o outro lado" (Galileia), como Jesus costumava fazer, para descansar e pronunciá-las novamente em silêncio. Você pode enviar esta energia vibratória do Espírito e romper a inércia causada por pensamentos de medo e escassez, escavar caminhos, abrir novas vias para a demonstração do seu bem.

Para trazer à tona essas qualidades espirituais não desenvolvidas, devemos primeiro acreditar nelas. "Qualquer pessoa que dela se aproxima deve crer que ela é real:" Senhor, protege-nos da incredulidade; impede-nos de nos basear nas coisas que vemos; impede-nos de julgar de acordo com as aparências.

Você pode evocar em sua mente mil coisas imaginárias que parecerão reais para você. Isso mostra que a mente cria formando coisas de acordo com as suas ideias. O mundo está despertando de uma maneira maravilhosa para a verdade sobre o poder criativo da mente. Em toda parte, as pessoas estão estudando psicologia ou a cultura da alma. A imaginação constrói coisas a partir de uma substância. Se você associar a fé a ela em seu trabalho criativo, as coisas que você faz serão tão reais quanto as feitas por Deus. Qualquer coisa que você fizer mentalmente e nela aplicar a fé, se tornará algo substancial. Então, você deve estar constantemente atento sobre o que você acredita, a fim de que possa trazer à manifestação o que é para o seu bem-estar pessoal.

Em que você tem fé? Nas coisas externas? Nesse caso, você está construindo sombras sem substância, sombras que cessam assim que seu pensamento de apoio é retirado delas, formas que passarão e não deixarão nada para você. Se você deseja demonstrar verdadeira prosperidade, deve abandonar as coisas e, como disse Jesus a seus discípulos, *"ter fé em Deus"*. Não tenha fé em nada menos do que Deus, em nada além da Mente única, pois quando sua fé está centrada ali você está construindo algo para a eternidade. A Mente e as ideias da Mente nunca passarão. Nunca haverá um fim para Deus. Nunca haverá um fim para a Verdade que Deus é. Nunca haverá um fim para a substância que Deus é. Construa com a substância divina, cultive a fé nas realidades e *"acumule para si mesmo tesouros no céu"*.

O alicerce de todo trabalho é uma ideia. A fé é aquela qualidade da mente que faz com que a ideia pareça real, não apenas para nós mesmos, mas para os outros. Quando as outras pessoas têm fé no que você está fazendo, fabricando ou vendendo, eles o veem como algo real e válido. Então, o seu sucesso e a sua prosperidade estão garantidos. Só existe aquilo em que, ao se tornar realmente visível ou valioso, você tem grande fé. Se você disser e acreditar: "Tenho fé na substância de Deus operando em e, através de mim, para aumentar e trazer abundância ao meu mundo", sua fé começará a operar poderosamente na substância da mente e o tornará próspero. Tudo o que você colocar em substância junto com a fé resultará em manifestação em seu mundo. Já vimos isso acontecer e provamos a lei muitas vezes, por isso não temos qualquer dúvida.

As Escrituras estão cheias de ilustrações desta atividade de fazer coisas acontecerem por meio da fé na substância. Os personagens sobre os quais lemos nas Escrituras representam ideias que realizam sua obra nas almas humanas. Se pensarmos que eles existiam apenas como pessoas de milhares de anos atrás, colocamos nossa fé há milhares de anos, em vez de deixá-la trabalhar para nós neste minuto em nossos afazeres diários. Para demonstrar o que Jesus fez, devemos colocar nossa fé na substância única e dizer: "Tenho fé em Deus".

Demonstramos a prosperidade pela compreensão da lei da prosperidade e por ter fé nela, não ao apelar para a simpatia dos outros, tentando levá-los a fazer algo por você ou lhe dar alguma coisa. A fidelidade e o zelo na aplicação da lei da prosperidade lhe garantirão o sucesso.

"Toda boa dádiva e todo dom perfeito vêm do alto, descendo do Pai das luzes, em quem não há oscilação como se vê nas nuvens inconstantes." (Thiago 1:17) *"Reconhece o Senhor em todos os teus caminhos, e Ele endireitará as tuas veredas."* (Provérbios 3:6)

Que todos saibamos que agora estamos na presença da Mente criativa, a Mente que criou o Universo e tudo o que há nele. Essa Mente está aqui e trabalhando agora tanto quanto sempre esteve ou estará. Quando percebemos isso plenamente, aumentamos a atividade dessa Mente em nós incomensuravelmente. Você deve entender que Deus é Espírito e que o Espírito é muito real e poderoso, e de longe a coisa mais substancial em todo o mundo.

Pode ser difícil para aqueles que se apegaram às coisas materiais perceberem que existe uma vida real e uma substância, ambas invisíveis, e que são muito mais substanciais e reais do que o material. Os homens da ciência nos dizem que as forças invisíveis têm um poder milhões de vezes mais real e substancial do que todo o mundo material. Quando lemos declarações sobre algumas das recentes descobertas da ciência, que todos aceitam e comentam sobre, ficamos realmente maravilhados. Essas declarações feitas por religiosos seriam chamadas de absurdas e inacreditáveis. Ainda assim, a religião tem feito as mesmas declarações de diferentes maneiras há milhares de anos. Agora, a ciência está ajudando a religião, provando-as.

Ao comparar substância e matéria, no que concerne a sua realidade relativa, um autor científico diz que a matéria é apenas uma fenda na substância universal. É uma substância universal que o homem manuseia o tempo todo com sua mente espiritual. Por meio de seus pensamentos você lida com a maravilhosa substância espiritual, e ela toma forma em sua consciência de acordo com o que você pensa a respeito. É por isso que devemos manter o pensamento da sabedoria e da compreensão divinas: para que possamos usar esses poderes da mente criativa com retidão. Nós os usamos o tempo todo, consciente ou inconscientemente, e devemos usá-los para nossa vantagem e bênção.

Cada vez que você diz: "Estou com pouco dinheiro" ou "Não tenho todo o dinheiro de que preciso", você está colocando um limite na substância em sua própria consciência. Isso é sabedoria? Você deseja uma provisão maior, não uma provisão limitada de substância. Portanto, é importante observar seus pensamentos para que a provisão maior possa vir através de sua mente para os seus negócios. Diga a si mesmo: "*Sou descendente de Deus e devo pensar como Deus pensa. Portanto, não posso pensar em nenhuma falta ou limitação*". É impossível que nesta Mente universal que preenche tudo possa haver algo como ausência. Não falta nada em lugar nenhum na realidade. A única falta é o medo da falta na mente do homem. Não precisamos superar nenhuma falta, mas devemos superar o medo da falta.

Esse medo da falta levou os homens a especularem para acumular substância e ter uma grande quantidade dela armazenada.

Isso causou um medo ainda maior da escassez em outros homens, e a situação foi piorando cada vez mais, até que se tornou generalizada a crença de que devemos acumular os símbolos materiais da substância para uma possível escassez no futuro. Experimentamos esse sistema e descobrimos que ele falha todas as vezes. Precisamos aprender a entender a lei divina da provisão e o plano original, que é ter diariamente nosso pão de cada dia. Isso é tudo o que realmente queremos, apenas a quantidade de coisas de que precisamos para usar hoje, mas a garantia absoluta de que a provisão para as necessidades de amanhã estará lá quando o amanhã chegar. Essa garantia não pode ser encontrada acumulando ou estocando, como aprendemos com a experiência. Pode ser obtida se tivermos fé e compreendermos a verdade sobre a substância onipresente, que sempre está disponível. Qualquer coisa abaixo das necessidades atuais não é suficiente. Qualquer coisa a mais do que precisamos hoje é um fardo. Comecemos com a proposição fundamental de que há bastante para você e para mim, e que a substância está aqui o tempo todo, nos fornecendo o que é muito necessário de acordo com nosso pensamento e palavra.

De manhã, imediatamente ao acordar, tenha um pensamento tranquilo e meditativo. Um bom pensamento básico para ter em silêncio é:

> *"Que as palavras da minha boca e o meditar do meu coração*
> *sejam aceitáveis na tua presença, Senhor, minha rocha e meu redentor."*
> (Salmos 19:14).

Pense no significado dessas palavras enquanto você medita sobre elas. As palavras de sua boca e os pensamentos em seu coração estão, agora e sempre, moldando a substância espiritual e trazendo-a à manifestação. Eles não serão aceitáveis ao Senhor a menos que tragam à manifestação coisas que são verdadeiras, amáveis e totalmente boas. Depois de sua meditação matinal, em que você declarou a onipresença e a totalidade do bem, aceite-a como verdadeira e prossiga para as atividades do dia com fé em que todas as coisas necessárias foram fornecidas e o seu bem deve vir. O solo e a substância onipresente têm muitos nomes.

Jesus Cristo o chamou de reino dos céus. Moisés no Gênesis o chamou de Jardim do Éden. A ciência diz que é o éter. Nós vivemos nele como peixes no mar, e ele vive em nós e nos supre com todas as coisas de acordo com nossos pensamentos. Quando você começar seu trabalho, pare um momento e declare: *"Eu coloco Deus à minha frente hoje, para me guiar e guardar, para me proteger e prosperar"*. Ou: *"O Espírito do Senhor segue à minha frente hoje e torna meu caminho bem-sucedido e próspero"*. Faça desta a sua proclamação para o dia. Declare que assim seja e o Senhor fará com que aconteça. Durante o dia, se um pensamento de escassez ou limitação perturbá-lo por um momento, afaste-o imediatamente com a declaração: *"O Senhor é meu pastor; nada me faltará."* (Salmo 23).

Quando sua mente voltar ao assunto da prosperidade, perceba fortemente que sua prosperidade vem de Deus. Ela veio a você por meio de Deus, de seu contato com o Deus-Mente em seu silêncio, e sua prosperidade está junto de você onde quer que você esteja. A provisão pode parecer vir de canais externos, mas o seu verdadeiro sucesso depende de seu domínio interno da realização da prosperidade. Agradeça pela provisão que vem através de canais externos, mas não limite as dádivas de Deus a um canal. Olhe para ele e seja próspero.

ALGUMAS ORAÇÕES DE PROSPERIDADE

Estou sempre provido porque tenho fé em Ti como minha abundância onipresente.

Tenho fé em Ti como meu recurso onipotente e confio em Ti para me conservar na prosperidade.

Confio no Espírito universal de prosperidade em todos os meus negócios. Venho a Deus porque acredito que ele existe e que ele recompensa aqueles que o buscam.

LIÇÃO QUATRO

O HOMEM: ENTRADA E SAÍDA DA MENTE DIVINA

As posses do Pai não são em ações e títulos, mas nas divinas possibilidades implantadas na mente e na alma de cada homem. Por meio da mente do homem, as ideias são trazidas à existência. Por meio da alma do homem, a riqueza do amor de Deus encontra a sua expressão.

É sabido que a mente é a verdadeira prova na qual o ideal se transmuta em real. Este processo de transformação é a química espiritual que devemos aprender antes de estarmos prontos para trabalhar com inteligência no grande laboratório da substância do Pai. Lá não faltará material para formar o que desejarmos, e todos podemos recorrer a ele de acordo com nossos objetivos. A riqueza da consciência se expressará na riqueza da manifestação.

Aquele que conhece o Princípio tem uma certa segurança interna que lhe é dada pela compreensão do Deus-Mente. Nossas afirmações são para o propósito de estabelecer em nossa consciência uma compreensão ampla dos princípios dos quais dependem toda a vida e existência. Nossa religião se baseia em uma ciência na qual as ideias se relacionam ao Princípio e a outras ideias em uma grande Mente universal que funciona sob as leis mentais. Não é uma nova religião nem um modismo religioso, mas indica o real e o verdadeiro em qualquer religião. Se você conhece o *Princípio*, é capaz de saber de uma vez se uma religião se baseia em fatos ou tem como base ideias criadas pelo homem.

A fim de demonstrar o Princípio, devemos continuar nos firmando em certas declarações da lei. Quanto mais você apresentar à sua mente uma proposição lógica e verdadeira, mais forte se tornará seu sentimento interior de segurança. A mente do homem é construída sobre a Verdade, e quanto mais clara for sua compreensão da Verdade mais substancial se tornará sua mente. Há uma relação definida e estreita entre o que chamamos de Verdade e essa substância universal do Ser. Quando a Mente única é chamada a agir sobre sua mente ao você pensar sobre isso, ela se apodera da substância pela lei da atração ou simpatia de pensamento. Assim, quanto mais você souber sobre Deus, mais sucesso terá em lidar com seu corpo e todos os seus negócios. Quanto mais você souber sobre Deus, mais saudável você será, e é claro que quanto mais saudável mais feliz, mais bonito e melhor você será em todos os sentidos. Se você sabe como se apoderar da substância universal e moldá-la aos nossos usos, você será próspero. A substância da mente entra em cada pequeno detalhe de sua vida cotidiana, quer você perceba a Verdade ou não. No entanto, para estabelecer-se com certa segurança na posse da vida universal, amor, inteligência e substância, você deve obter uma consciência dela primeiro, enxergando mentalmente a Verdade.

Toda ação verdadeira é governada pela lei. Nada simplesmente acontece. Não existem milagres. Não existe sorte. Nada vem por acaso. Todos os acontecimentos são o resultado de uma causa e podem ser explicados sob a lei de causa e efeito. Este é um ensinamento que atrai a lógica inata de nossa mente, mas, às vezes, tendemos a duvidar quando vemos coisas acontecerem sem causa aparente. Esses acontecimentos que parecem milagrosos são controlados por leis que ainda não aprendemos e resultam de causas que não somos capazes de compreender. O homem não demonstra de acordo com a lei, mas de acordo com o seu conhecimento sobre a lei e é por esse motivo que devemos procurar aprender mais sobre ela. Deus é lei. Deus é imutável. Se quisermos levar adiante a criação perfeita, devemos estar em conformidade com a lei e desdobrá-la em nossa mente, corpo e negócios como uma flor se desdobra pelo princípio da vida, inteligência e substância inatas.

O Congresso dos Estados Unidos estabelece leis que regem os atos de todos os cidadãos norte-americanos. Aqueles que cumprem as leis são recompensados com sua proteção. O Congresso não verifica se os homens obedecem às leis. Isso é deixado para o ramo executivo do governo. A mesma coisa vale para a lei universal. Deus ordenou a lei, mas não nos obriga a segui-la. Temos livre arbítrio, e a maneira de agir é deixada inteiramente à nossa decisão. Quando conhecemos a lei e trabalhamos com ela, somos recompensados por sua proteção e a usamos para o nosso bem. Se quebrarmos a lei universal, sofreremos limitações, assim como um infrator condenado é limitado a uma cela ou prisão. O Espírito Santo é a autoridade executiva por meio da qual a *Mente divina* faz cumprir suas leis.

É possível notar a partir desta consideração que Deus concedeu o poder da *Mente divina* a cada homem. Você está usando seu organismo, corpo, mente e alma para levar adiante uma lei que Deus estabeleceu como um guia para toda a criação. Se você cumprir adequadamente esta missão, não deixará de obter os resultados justos. Se você deixar de viver de acordo com a lei, bem, é um problema seu. Deus não pode ajudar se você não estiver seguindo a lei e demonstrando saúde, felicidade, prosperidade e tudo de bom. Blackstone[4] disse que a lei é uma regra de ação. O mesmo acontece com a lei de Deus: se você seguir as regras de ação, demonstrará a *Verdade*. Você terá tudo o que Deus preparou para você desde o nascimento do mundo.

Quais são as regras da lei? Primeiro, Deus é bom e todas as suas criações são boas. Quando você fixa isso firmemente em sua mente, é provável que demonstre que o bem e, nada além do bem, possa entrar no seu mundo. Se você deixar entrar o pensamento de que o mal existe e que você está sujeito tanto ao mal quanto ao bem, então, você pode criar condições para que o mal aconteça em sua vida e se conformar com essa ideia. Mas lembre-se, o mal e as más condições não são reconhecidos pela *Mente divina*. Se você pensou no mal como uma realidade ou como tendo algum poder sobre você, mude seu pensamento imediatamente e comece a construir células cerebrais boas que nunca ouviram falar em nada além do bem. Ore assim: *"Eu sou um filho do bem absoluto. Deus é bom e eu sou bom. Tudo o que entra na minha vida é bom, e terei apenas o bem."* Estabeleça esta consciência e apenas o bem será atraído para você e sua vida será uma alegria perpétua. Não

---

4 William Blackstone – jurista britânico.

posso lhe convencer que isso é uma verdade, mas sei que é, e que você pode provar isso por si mesmo e ficará satisfeito.

Se você começar agora mesmo com a ideia da bondade universal e eterna em primeiro lugar na sua mente, falar apenas sobre o bem e ver com os olhos da mente tudo e todos como bons, então, logo estará demonstrando todos os tipos de bem. Os bons pensamentos se tornarão um hábito e o bem se manifestará a você. E você o verá em todos os lugares. E as pessoas dirão de você: *"Eu sei que esse homem é bom e verdadeiro. Tenho confiança nele. Ele me faz sentir a bondade inata de todos os homens"*. Essa é a maneira pela qual a Mente única se expressa através do homem. É a lei. Quem vive de acordo com a lei obterá os resultados desejados. No entanto, aqueles que não o fizerem obterão resultados opostos.

A lei também se aplica às nossas demonstrações de prosperidade. Não podemos ser totalmente felizes se somos atingidos pela miséria e escassez. A história do filho pródigo é um exemplo disso, e é frequentemente usada como um texto para pregar aos pecadores não só a moralidade, mas um estudo cuidadoso sobre os ensinamentos de Jesus quanto a miséria e escassez e como conquistar a abundância. É uma lição maravilhosa de prosperidade.

O filho pródigo pegou sua herança e foi para um país distante, onde teve uma vida turbulenta e passou necessidade. Quando voltou para a casa do pai, não foi acusado de deslize moral, como era de se esperar. Em vez disso, o pai disse: "Tragam depressa o melhor manto e coloquem-no sobre ele". Essa foi uma lição sobre boas roupas. O ato seguinte do pai foi colocar um anel de ouro no dedo do filho, outra evidência de prosperidade. O desejo do Pai para nós é um bem ilimitado, não apenas o meio de uma existência escassa. O anel simboliza o ilimitado, aquilo que não tem fim. Também representa onipresença e onipotência no mundo manifesto. Quando o pai deu aquele anel ao filho, deu-lhe a chave de todas as atividades da vida. Era o símbolo de ser filho e herdeiro de tudo o que o pai tinha. "Tudo o que é meu é teu." O Pai nos dá tudo o que ele tem e é onipotência, onisciência, todo amor e toda substância quando retornamos à consciência de Sua casa, local da abundância.

"Calcem-lhe os sapatos...", foi a ordem seguinte do pai aos criados. Os pés representam a parte do nosso entendimento que entra em contato com as condições terrenas. Na cabeça ou "cenáculo", temos o entendimento que constata as condições espirituais, mas quando lemos nas Escrituras qualquer coisa sobre os pés, podemos saber que se refere à nossa compreensão das coisas do mundo material.

A próxima coisa que o pai fez pelo filho que voltou, foi proclamar um banquete para ele. Essa não é a maneira de tratar pecadores morais. Nós ordenamos punição para eles, os mandamos à cadeia. Mas o Pai dá um banquete àqueles que o procuram para suprir-se. Ele não distribui apenas a alimentação necessária, mas serve o "bezerro gordo", a substância universal e a vida em sua plenitude e riqueza.

A parábola é uma grande lição sobre a prosperidade, pois nos mostra que as pessoas que estão dissipando sua substância de maneira sensata são pecadoras e, por fim, caem na consciência da escassez. Também prova que elas podem se tornar dignas e prósperas novamente, retornando ao Pai-Mente. Quando há tantas lições na Bíblia para delinquentes morais, não há necessidade de distorcer o significado desta parábola para esse fim. É uma lição tão clara sobre a causa da falta e da escassez. Jesus declara expressamente que o jovem desperdiçou seus bens em uma "terra distante", um lugar onde a lei divina da abundância não foi cumprida. Existe uma relação muito próxima entre uma vida desregrada e a necessidade. As pessoas que desperdiçam sua substância nas sensações passam a ter escassez física e financeira. Se quisermos fazer o uso correto da substância divina e da lei divina, devemos voltar à consciência do Pai e conservar a substância do nosso corpo. Então, a saúde e a prosperidade se manifestarão naturalmente. Se não tivermos recursos ou não tivermos segurança no uso da única substância divina, não estaremos seguros em nada. A substância é uma coisa muito importante em nosso mundo, na verdade, seu alicerce. Portanto, devemos estar seguros em nosso entendimento dela e usá-la de acordo com a lei de Deus.

Então, vamos entrar na Verdade real de ser e observar a lei divina. Percebamos que nosso Pai está sempre aqui e que estamos em um "país distante" apenas quando nos esquecemos de Sua presença. Ele está constantemente nos dando exatamente o que reconheceremos e aceitaremos de acordo com Sua lei. Podemos tomar nossa herança e nos divorciar em consciência do Pai, mas sofreremos os resultados, pois não faremos as coisas em sabedoria e ordem divinas, e haverá uma "penúria" naquela terra. Em vez disso, busquemos a sabedoria divina para saber como lidar com nossa substância, e a lei da prosperidade nos será revelada. Para chegar a esta realização, declare com fé e toda a certeza: *A Mente que tudo provê é meu recurso, e estou seguro em minha Prosperidade.*

Os homens primitivos não disputavam os produtos da natureza, desde que pudessem colher facilmente os frutos das árvores e dormir sob os galhos. Quando eles começaram a viver em cavernas, surgiu a disputa pelos melhores lugares, e os mais fortes geralmente foram os vencedores. "O sucesso leva ao sucesso." Aqueles que foram capazes de pegar o melhor o fizeram e provaram a lei que diz "a quem tem, mais se lhe dará, e terá em abundância". Esta parece à primeira vista uma lei injusta, mas sempre prevaleceu nos assuntos mundanos. Jesus, o maior dos metafísicos, ensinou-a como uma lei divina e a recomendou. Ele não poderia ter agido de outra forma, pois é uma lei justa na qual o homem terá o que merece, ou seja, que a laboriosidade, o esforço e a habilidade sejam recompensados e a preguiça, desencorajada.

Esta lei opera em todos os departamentos do ser. Aqueles que procuram as coisas que o reino material tem a oferecer, geralmente, as encontram. Aqueles que se empenham pela excelência moral normalmente alcançam esse objetivo. Aqueles que aspiram as recompensas espirituais também são recompensados. A lei é clara: "obteremos o que queremos por meio do nosso trabalho, e toda a experiência e a história provaram que essa é uma lei fundamentada. Se esta lei fosse abolida, o progresso mundial cessaria e a raça seria extinta. Onde não houver recompensa pelo esforço não haverá esforço, e a sociedade se degenerará. Podemos falar com sabedoria sobre o impulso interno, mas quando ele não tem um campo de ação externo, acaba desanimando e deixa de atuar.

Quando os homens evoluem espiritualmente até certo grau, eles abrem faculdades internas que os conectam à Mente cósmica e alcançam resultados, às vezes, tão surpreendentes que eles parecem operar milagres. O que parece milagroso é a ação de forças em planos da consciência não compreendidos previamente. Quando um homem libera os poderes de sua alma, faz maravilhas aos olhos dos que têm mentalidade material, mas ele não se desviou da lei. Ele está simplesmente funcionando em uma consciência que foi esporadicamente manifestada por grandes homens em todas as épocas. O homem é maior que todas as outras criações de Deus-Mente porque ele tem a capacidade de perceber e apreender as ideias inerentes ao Deus-Mente e, através da fé, levá-los à manifestação. Assim, a evolução prossegue quando o homem se apodera das ideias espirituais primordiais e as expressa em e por meio de sua consciência.

No exercício de sua identidade *EU SOU*, o homem precisa desenvolver certas ideias estabilizadoras. Uma delas é a continuidade ou lealdade à Verdade. Nas Escrituras e na vida, temos muitos exemplos de como o amor se apega àquilo a que se propôs. Nada tende a estabilizar e unificar tanto todas as outras faculdades da mente quanto o amor. É por isso que Jesus deu o grande mandamento de que amemos a Deus.

Quando você começa a pensar em Deus como uma substância presente em toda parte, sua mente não vai aderir continuamente à ideia. Você desviará sua atenção depois de um tempo e irá pensar: "Não tenho o suficiente para pagar todas as contas". Lá, fez uma pausa e perdeu o ímpeto em seu caminho, e você precisa remendá-lo rapidamente. Afirme: *"Eu não serei desviado. As ideias antigas são erradas e não são nada. Elas não têm nenhum poder sobre mim. Vou me ater a esta proposta. Deus é amor. É a substância da minha provisão"*.

Rute, a mulher moabita[5], tornou-se tão apegada a Noemi (pensamento espiritual) que ela não a deixou, mas a acompanhou de volta à Palestina. Ela era leal e constante por causa de seu amor.

---

5 Povo nômade que se estabeleceu a leste do Mar Morto e entrava sempre em conflito com os israelitas, que moravam o oeste. O Moab fica no que conhecemos hoje como a Jordânia.

Qual foi o resultado de sua persistência? Ela foi a princípio uma respigadora; então, tornou-se esposa de um homem muito rico e foi imortalizada como uma das ancestrais de Davi. Essa lição de manter nossos ideais mais elevados é algo que devemos entender. Nada é tão importante quanto manter o ideal e nunca desistir do trabalho que pretendemos realizar. Afirme a lei continuamente e seja leal a ela, assim terá sucesso em sua demonstração.

Sem dúvida, você descobriu que existe uma lei espiritual que traz à manifestação os pensamentos nos quais concentramos nossa atenção, uma lei divina universal da atividade mental que é infalível. Alguma condição adversa de seu próprio pensamento impediu uma demonstração completa. Não deixe que isso o desvie da sua lealdade para com a lei. Pode parecer que é demorado o processo para obter resultados, mas essa é a melhor razão para se apegar ao seu ideal e não mudar de ideia. Seja leal ao Princípio e a condição adversa se dissipará. Então, a verdadeira luz virá e a substância invisível que você tem afirmado fielmente começará a se revelar a você em toda a sua plenitude de bem.

Jesus enfatizou a ideia de que Deus fez uma provisão abundante para todos os seus filhos, até mesmo para as aves do céu e os lírios do campo. O Senhor vestiu você com a substância da alma tão gloriosamente como fez com Salomão. Mas você deve ter fé nessa substância do bem que tudo fornece e, por sua continuidade de imaginação, configurá-la para formar as coisas que deseja. Se você for persistente ao trabalhar essa ideia em sua mente consciente, ela acabará caindo em sua mente subconsciente e continuará trabalhando lá, onde as coisas tomam forma e se manifestam. A substância invisível, quando seu subconsciente ficar cheio dela a ponto de transbordar, transbordará, por assim dizer, em todos os seus negócios. Você se tornará mais próspero e bem-sucedido de forma tão gradual, simples e natural, que não perceberá que isso deriva de uma fonte divina e em resposta às suas orações. Devemos perceber o tempo todo, entretanto, que tudo o que colocamos como semente no solo subconsciente acabará por produzir conforme sua espécie, e devemos ter o máximo cuidado para não pensar ou falar sobre insuficiência e escassez, ou permitir que outros falem conosco sobre isso. Assim como semeamos na mente, colheremos na manifestação.

Alguns de nossos amigos bem-intencionados costumam nos sobrecarregar com ideias de "tempos difíceis" que dispersam a substância de prosperidade que acumulamos. Às vezes, até mesmo um pensamento adverso fará com que ela escape; então, devemos voltar e restabelecer o pensamento da substância. Temos que mantê-lo em nossa mente em toda a sua plenitude, e não devemos abandoná-lo por um minuto, para que a obra de demonstração não seja atrasada. Quando você se recolher à noite, faça seu último pensamento ser sobre a abundância de substância espiritual. Veja-o preenchendo toda a casa e as mentes de todas as pessoas na casa. Esse pensamento poderoso penetrará em seu subconsciente e continuará atuando, quer você esteja dormindo ou acordado.

A lei da provisão é uma lei divina. Isso significa que é uma lei da mente e deve funcionar por meio da mente. Deus não vai ao supermercado trazer comida para a sua mesa. Mas quando você continua pensando em Deus como sua verdadeira provisão, tudo em sua mente começa a despertar e entrar em contato com a substância divina, e conforme você a molda em sua consciência começará a ter ideias que o conectarão com a manifestação visível. Você primeiro terá as ideias em consciência direta de sua fonte divina, e depois, começará a demonstrar externamente. É uma lei exata, científica e infalível. "Primeiro surge a planta, depois a espiga, e, mais tarde, os grãos que enchem a espiga."

Quando você trabalha em harmonia com essa lei universal, todas as coisas necessárias são abundantemente fornecidas. Sua arte é simplesmente cumprir a lei; ou seja, para manter a sua mente cheia da substância mental, para armazenar a substância espiritual até que a mente seja preenchida por ela e depois tenha de se manifestar em seus negócios, obedecendo à lei *"pois a quem tem, mais se lhe dará"* (Mateus 13:12). Mas você não está cumprindo a lei quando permite que pensamentos afetados pela pobreza habitem sua mente. Eles atraem outros pensamentos semelhantes, e sua consciência não terá espaço para a verdade de que a prosperidade é sua. Pobreza ou prosperidade, tudo depende de nós. Tudo o que o Pai tem é seu, mas você é o único responsável pela relação entre o bem do Pai e a sua vida. Por meio do reconhecimento consciente de nossa unidade com o Pai e sua abundância, você transforma a substância viva em uma provisão visível.

Não hesite em pensar que a prosperidade é para você. Não se sinta indigno. Elimine todos os pensamentos de ser um mártir da pobreza. Ninguém gosta da pobreza, mas algumas pessoas parecem gostar da simpatia e da compaixão que podem despertar com ela. Supere qualquer tendência nesse sentido e toda a ideia de que seu destino é a escassez. Ninguém é impotente até que se resigne a seu destino imaginário. Pense em prosperidade, fale de prosperidade, não em geral, mas em termos específicos, não como algo para o outro, mas como um direito seu. Negue toda aparência de fracasso. Fique firme em sua defesa e afirme a provisão, o apoio e o sucesso diante de perguntas e dúvidas, então, agradeça pela abundância em todos os seus negócios e tenha a certeza de que o seu bem agora está sendo cumprido no Espírito, na mente e na manifestação.

UM TRATAMENTO DE PROSPERIDADE

Salmo 23 (revisado)

O Senhor é o meu banqueiro; meu crédito é bom.
Ele me faz deitar na consciência da abundância onipresente;
Ele me dá a chave do seu cofre.
Ele restaura minha fé nas suas riquezas;
Ele me guia nas veredas da prosperidade por amor ao Seu nome.
Sim, embora eu ande na sombra da dívida,
Não temerei o mal, porque Tu estás comigo;
Tua prata e Teu ouro me protegem.
Tu preparaste um caminho para mim na presença do cobrador;
Tu enches minha carteira com abundância; minha medida transborda.
Certamente, bondade e abundância me seguirão todos os dias da minha vida.
E eu farei negócios em nome do Senhor para sempre.

LIÇÃO CINCO

A LEI QUE REGE A MANIFESTAÇÃO DA PROVISÃO

É seguro dizer que todos os homens se esforçam para cumprir a lei de seu ser, mas poucos entenderam a lei. Ela é uma das coisas mais importantes que podemos estudar, pois somente à medida que a entendermos e, proporcionalmente, à maneira como a entendermos poderemos cumprir suas exigências e demonstrar nossas possibilidades divinas por meio dela.

Ao ler as Escrituras, gradualmente elevamos nossa consciência delas como mera história e começamos a apreendê-las como estabelecendo o princípio ou lei da vida. Encontramos os grandes personagens bíblicos adequados ao padrão de nossa própria consciência, onde eles representam ideias. Isso torna a Bíblia o divino livro da Vida, em vez de meramente a história de um povo. A ideia da lei é simbolizada por Moisés. Em nossa consciência individual, ele é a negação, o lado negativo da lei que precede sua expressão afirmativa. Moisés deu a lei como "Não farás". Jesus representa a lei em sua expressão afirmativa. "Amarás o Senhor teu Deus."

Moisés não poderia entrar na Terra Prometida, o estado de consciência quadridimensional, pois lá não pode haver negação. Josué, cujo nome tem o mesmo significado que o de Jesus, entrou na Terra Prometida e abriu o caminho para os filhos de Israel. Ele representa o primeiro passo mental na direção da plena consciência da onipresença e onipotência de Deus que foi alcançada em Jesus Cristo.

Moisés foi o legislador, e Jesus, o Cristo, foi em suas próprias palavras, o cumprimento da lei.

Devemos começar a ver esse mundo quadridimensional por dentro, com sua capacidade inata para todas as coisas. Tudo está bem aqui, tudo o que já foi ou poderia ser, simplesmente esperando para ser trazido à manifestação. O Senhor preparou um grande banquete e convidou a todos nós, como explicou Jesus na parábola. Temos aqui dentro e ao redor esta substância pronta para nossa apropriação ou ingestão. Comer é o símbolo exterior da apropriação mental. Começamos a partir o pão dividindo a substância da mente que abundantemente é fornecida em todos os lugares.

Descobrimos que existe dentro de nós uma força de vida, que pode ser acelerada para uma atividade maior por meio do pensamento. Cada um demonstrou em algum momento que podia superar a condição negativa de fraqueza mantendo o pensamento de força. Às vezes, a força segue o pensamento imediatamente, às vezes, o pensamento deve ser mantido persistentemente por dias ou semanas. Ao demonstrar a lei da abundância sempre presente devemos esperar os mesmos resultados. Se a demonstração parecer lenta para chegar aos resultados, a prática e a persistência vencerão. Pode ser porque a consciência da pobreza tem um domínio tenaz e exige esforço para ser eliminada.

Existe uma lei que governa a manifestação da provisão, e nós podemos aprender essa lei e aplicá-la por determinação mental e fé nas sequências lógicas das realidades espirituais. Nós pensávamos que as leis de Deus fossem misteriosas e sagradas, muito distantes do indivíduo comum e que tínhamos de tentar primeiro aprender as leis da alimentação, da medicina e de mil outras coisas secundárias. Um metafísico rigoroso vê todas essas leis temporais como secundárias à lei de Deus. Essa lei única, dizem-nos, deve ser escrita em nosso coração e em nossas partes internas. Então, há algo dentro de nós que responde naturalmente à lei de Deus. Se aceitarmos isso como verdadeiro, que conhecemos a lei única com uma inteligência interior e que todas as outras leis são secundárias, estaremos em posição para obter resultados, para demonstrar prosperidade.

No mundo natural, ao nosso redor, vemos que tudo é regido pela lei. Dizem que todo o reino animal é guiado pelo instinto.

Muitas teorias foram propostas para explicar o instinto em termos de pensamento material. Alguns filósofos afirmaram que é algo transmitido de uma geração para a seguinte, incorporada em células germinativas. Quer isso seja verdade quer não, há todas as evidências de que existe uma lei dentro ou ao redor das células que controla a formação de herdeiros e duplica o padrão estabelecido há eras na Mãe Eva e no Pai Adão. Esta é a lei escrita em nossas partes internas; o que não é uma figura de linguagem, mas um fato reconhecido. Devemos procurar a lei no interior e não fora. As que encontramos no exterior são as leis secundárias. A Mente infinita e criativa deu a cada um de nós a chave para o funcionamento dessa infalível lei interna. É que tudo o que tocamos física ou mentalmente e representa substância, esta é limitada apenas por nós mesmos em nossa capacidade de pensamento. Não podemos pedir a Deus mais substância, pois o universo está cheio dela. Podemos e devemos pedir compreensão para a utilizarmos com nossa mente, ou seja, por um aumento de nossa capacidade. Por trás da substância está a ideia de substância, e o homem está relacionado com o lado causador dessa ideia por meio de sua unidade com Deus.

Você pode pensar que poderia viver melhor e fazer mais o bem se tivesse muito dinheiro. As coisas não seriam nem um pouco melhores se você tivesse 1 milhão de dólares, a menos que você também tivesse o entendimento de usá-lo para o seu bem e para os outros. Você daria a uma criança 1 milhão de dólares para comprar doces e sorvete para ela? Devemos evoluir com nossas posses até obtermos a capacidade de lidar com elas. Sendo assim, a lei será cumprida. A provisão se desenvolve na mesma proporção que a necessidade ou capacidade de usar a substância. Vamos perceber esta lei do desdobramento da substância e nos ocuparmos de cumpri-la em nós mesmos pelo desenvolvimento de nossa compreensão e apreciação dela. Devemos orar cada dia pelo tanto de que precisamos ou podemos lidar. "Dá-nos hoje o pão nosso de cada dia" é uma oração em conformidade com a lei e as respostas divinas.

A *Mente infinita* tem uma maneira legal de fornecer aos seus filhos provisões para todas as suas necessidades. Nada é deixado ao acaso.

Deus alimenta os pássaros do ar e veste os lírios do campo, e ele nos alimentará e cuidará de nós, a menos que tornemos impossível por nossa recusa em aceitar a Sua generosidade. Paulo disse que o cumprimento da lei é amor. Isso é exatamente o que nós devemos fazer, amar o Senhor e amar o próximo como a nós mesmos, e amar o nosso trabalho. A lei está lá, em nossas partes internas, em nosso próprio coração. Nós sabemos o que fazer. Não temos que orar ou implorar a Deus para nos dar nada. Tudo o que precisamos fazer é meditar calmamente e confirmar a presença e o poder do grande Doador de tudo e, então, aceitar os dons. Ser fiel à lei é parar de olhar para o lado de fora e olhar para dentro em busca de provisão. Olhar para dentro significa fixar a mente em Deus como um Espírito sempre presente que também é substância e poder. Embrulhada dentro de cada um de nós há uma grande riqueza de pensamentos. Estes pensamentos são prisioneiros do subconsciente que aguardam ser libertados para trabalharem para nós. Eles estão esperando a vinda do Filho de Deus, que liberta os prisioneiros e os cativos. Este Filho está agora procurando a expressão em você; ele é você. Liberte seus pensamentos ricos, liberte seus poderes inatos e tire da rica substância do Pai o que você quiser.

Por meio da fé no poder vitorioso de Jesus Cristo, a mente sensorial será superada e a mente espiritual colocada no controle de sua vida e seus negócios. A mente sensorial está cheia de escassez e limitações; a mente espiritual conhece apenas abundância ilimitada. Você está ligado à Mente espiritual universal através da mente de Cristo. É por meio da mente de Cristo que todas as coisas vêm a você; é o canal para a mente total do Pai. Faça a união da totalidade com a mente de Cristo. Afirme que você é um mestre com o Mestre, unido à substância que tudo provê e que sua prosperidade transborda. À medida que você começar este processo de unificar-se conscientemente, com a vida e a substância interiores, ele começará a crescer dentro de você e transbordará para os seus negócios, de modo que você se torne próspero. Permaneça fiel a esta vida interior, não importa qual seja a aparência externa, e você não deixará de trazer as coisas boas da vida à manifestação.

Toda substância manifesta flui de um reino de ondas de luz, de acordo com as descobertas da ciência física moderna. Tiago diz: *"Toda boa dádiva e todo dom perfeito vêm do alto, descendo do Pai das luzes"*. (Tiago 1:17). Esta é uma declaração exata de uma lei científica, até mesmo no uso da forma plural da palavra "luzes", pois, como afirma a ciência, uma ou mais partículas de luz, os elétrons, formam o átomo que é a base de toda manifestação material. As ideias de Deus são a fonte de tudo o que aparece. Aceite isto como uma verdade absoluta, uma verdade totalmente produtiva e conecte conscientemente sua mente com a Mente do Pai. Então, você começará a perceber uma prosperidade infalível que vem do próprio *Ser*.

O filósofo e poeta alemão Goethe diz: "A coisa mais elevada e excelente no homem não tem forma, e devemos evitar lhe dar forma em algo menos que um traje nobre". Este é um reconhecimento da verdade de que o homem tem a capacidade em seu interior de dar forma à substância informe. Jesus expressou a lei, dizendo: *"...o que ligares na terra haverá sido ligado nos céus; e o que desligares na terra haverá sido desligado nos céus" (Mateus 16:19)*. Este céu é o reino das ideias puras na Mente. Estamos constantemente incorporando essas ideias em nossa mente e dando-lhes forma, de acordo com a nossa lealdade à Verdade.

Para todo metafísico este é um processo muito importante e delicado, pois é através dele que desenvolvemos a nossa alma. Este desenvolvimento da alma é, muitas vezes, comparado com o desenvolvimento de uma chapa fotográfica. A luz coloca a imagem na placa sensível em primeiro lugar, ou, como diz Tiago, é um presente do "Pai das luzes". Há, então, uma imagem na chapa, mas ela é invisível e manifesta até passar por um processo de revelação. A *Mente infinita* marcou a imagem de todos os seus atributos na alma de cada homem. Mas o homem deve desenvolver essa imagem em uma imagem clara, e muito desse trabalho deve ser feito no escuro com perfeita fé na lei da manifestação. O fotógrafo trabalha no escuro, submetendo a chapa a vários processos. Às vezes, o revelador pode produzir um erro em algumas operações e a placa sairá com a imagem imperfeita. Assim, a manifestação humana às vezes parece distorcida, mas a imagem da perfeição impressa pela Mente criativa está lá. Essa imagem perceptível é "Cristo em você, a esperança da glória".

Nosso corpo e nossas atividades são as primeiras provas da revelação da imagem, mas flutuando em nossa mente estão as ideias superiores, a imagem real a ser revelada. Nossa mente está mais ou menos envolvida em um processo químico. É difícil encontrar uma linha de demarcação entre a química física e a mental, pois elas seguem a mesma lei. No entanto, o que foi representado pode ser obtido pelo método adequado de revelação. Tudo o que você se imagina fazendo, você pode fazer.

Em nossa compreensão humana, divorciamos este poder de criar imagens da mente do poder executivo. Agora vamos juntá-los e unificá-los, pois quando a imaginação e a vontade trabalham juntas, as coisas serão possíveis ao homem. A vontade é simbolizada nas Escrituras pelo rei. O rei Salomão era, provavelmente, o homem mais rico do mundo e, no que diz respeito ao mundo, ele tinha grande sucesso. Ele demonstrava prosperidade. Ele não pediu riquezas a Deus. Vamos observar isso com atenção. Ele pediu a Deus por sabedoria, ideias. Deus é mente e seus dons não são materiais, mas espirituais, e não coisas, mas ideias. Salomão pediu e recebeu as ideias e, então, as desenvolveu. Porque ele era sábio, o mundo todo veio à sua corte em busca de sabedoria, trazendo riquezas em troca. O rei de Tiro comprou o material de que precisava para construir o Templo. A rainha de Sabá trouxe grandes quantidades de ouro. A partir disso devemos obter nossa deixa: peça a Deus ideias ricas (substância) e depois coloque-as em prática em seus negócios.

Não hesite em usar as ideias divinas que vierem a você, mas não se esqueça da sua fonte ou fundação. Muitas pessoas são executivos muito ativos. No momento em que eles têm uma ideia a utilizam, mas, muitas vezes, não vão muito longe, pois esquecem o alicerce sobre o qual tais ideias repousam e do qual devemos começar a construir. Com um alicerce da Verdade, de ideias espirituais e substância, podemos construir uma estrutura duradoura de prosperidade. Ela não será baseada em uma premissa falsa. Estará de pé quando as chuvas caírem e as enchentes vierem e os ventos a sacudirem. Não desejamos prosperidade hoje e pobreza amanhã. Devemos buscar a realização constante, diária, da provisão abundante.

Jesus Cristo entendeu e usou essa lei, de formar a substância sem forma pelo poder da imaginação e da vontade. Quando a mulher tocou a barra de Sua vestimenta, parte dessa substância, da qual ele estava vividamente consciente, fluiu d'Ele e a curou. Jesus imediatamente comentou que alguém o havia tocado. Muitos o haviam tocado na multidão e nenhuma substância havia deixado seu corpo nesses contatos, mas a mulher de fé estava aberta para receber a substância curativa e conscientemente apropriar-se dela. Isso provou sua fé, e Jesus lhe disse para ter ânimo, pois sua fé a havia curado. A mesma substância estava disponível para outros que o cercaram, mas apenas aquela que a reconheceu e a agarrou a recebeu. Mesmo assim, você e eu não receberemos qualquer benefício, embora a substância esteja em todo lugar ao nosso redor e em nós, a menos que reconheçamos sua presença pela fé e a agarremos pela "barra" de sua vestimenta.

Jesus reconheceu a onipresença da substância quando a utilizou para multiplicar os pães e os peixes. Ele viveu com consciência disso o tempo todo. Uma vez, disse aos discípulos quando lhe pediram para comer: "Tenho um alimento para comer que vós não conheceis". Ele construiu essa substância divina em seu corpo, célula por célula, substituindo a carne mortal pela substância espiritual, até que todo o seu corpo fosse imortalizado. Ele demonstrou isso e nos contou como foi feito. Ele disse: *"Aquele que crê em mim, fará também as obras que Eu faço e outras maiores fará (...)"*. (João 14:12). Então, por que há tantas pessoas pobres, angustiadas, doentes ou preocupadas? Há uma maneira, uma lei e uma sabedoria de aplicar a lei, e há uma abundância de substância esperando para ser formada por cada um de nós em tudo o que quisermos, quando aplicarmos essa lei como filhos de Deus.

Há uma faculdade inerente que instintivamente se apodera do que chama de seu. Mesmo as crianças pequenas gostam de ter seus próprios brinquedos e mantê-los separados dos das outras crianças. Não há nada a se condenar nisto, pois é o funcionamento natural de uma lei divina. Isso prova que sabemos, em algum lugar do nosso ser mais profundo, que fomos providos desde a fundação do mundo e temos direito a nossa própria porção, sem dúvida. O poder da mente de atrair para nós as coisas a que temos direito divinamente é um poder que pode ser cultivado e deve ser criado.

Estamos agora à beira de um novo estado de espírito em questões financeiras. Vamos acabar com a ideia errônea de que os homens devem ser pobres para serem virtuosos. O dinheiro é o instrumento do homem, não o seu mestre. O dinheiro foi feito para o homem, não o homem para o dinheiro. Somente aqueles que colocam o dinheiro acima do homem e lhe dão poder em suas mentes, adorando-o, são os homens "ricos" a quem Jesus se referiu em Sua parábola sobre o camelo e o buraco da agulha. Não é o dinheiro que controla os homens, mas as ideias que eles têm sobre dinheiro. As ideias de pobreza são tão poderosas para escravizar os homens quanto as ideias de riqueza. Todo homem deve ser ensinado a lidar com ideias, em vez de dinheiro, de modo que elas lhe sirvam em vez de o dominarem.

Alguns cientistas físicos nos dizem que está próximo o tempo em que os homens fabricarão do éter, bem à mão, tudo de que precisam ou desejam. O homem não terá que esperar pela semeadura e colheita quando aprender a usar o poder de sua mente. Quando temos essa consciência em que nossas ideias são tangíveis, todas as nossas demandas serão rapidamente satisfeitas pela lei superior. Jogue em suas ideias toda a vida e o poder de seu pensamento concentrado, e elas serão revestidas de realidade.

Quando Jesus foi para o deserto com Suas (então) inexperientes faculdades mentais, foi tentado a transformar pedras em pão. Todos nós já sofremos essa tentação, e a maioria sucumbiu a ela. Tiramos o nosso pão das coisas materiais (pedras), em vez das palavras que saem da boca de Deus. É a palavra, e as ideias, que alimentam a alma do homem.

Isso é admitido. Mas devemos perceber que é a palavra, e as ideias, que alimentam o corpo e também os negócios do homem, pois a menos que a palavra seja reconhecida e apropriada, faltará a verdadeira substância e não haverá satisfação no alimento. Felizmente, o "Pai sabe que precisamos de todas essas coisas", e em Sua compaixão e misericórdia ele nos alimenta com a substância, mesmo enquanto ainda tentamos assimilar as pedras. Se buscássemos primeiro o reino de Deus, a substância, as "coisas" seriam acrescentadas e deveríamos desfrutar conscientemente da plenitude do viver e da vida abundante de Jesus Cristo.

Existe uma lei universal de aumento. Ela não se limita a contas bancárias, mas opera em todos os planos de manifestação. A cooperação consciente do homem é necessária para os resultados mais completos na operação desta lei. Você deve usar seu talento, seja ele qual for, para aumentá-lo. Tenha fé na lei. Não raciocine muito, mas avance com fé e ousadia. Se você se permitir pensar em qualquer pessoa ou em qualquer condição externa como um obstáculo ao seu crescimento, torna-se um obstáculo para você, pois aplicou a ela a lei do aumento. O medo pode fazer com que você se torne tímido e esconda seu talento, o que vai contra a lei. Mantenha os olhos na realidade abundante interna e não deixe que a aparência externa o faça mudar.

Não se dedique muito ao estudo de si mesmo ou da sua condição atual. Pensar em suas limitações aparentes apenas prolonga a permanência delas e torna seu progresso mais lento. Uma criança perde tudo de vista exceto o seu próprio crescimento. O menino se vê como um menino maior, até mesmo como um homem. É a mente infantil que encontra o reino. Então, olhe à frente, para o homem perfeito que você é. Você está no Espírito. Veja a si mesmo como o filho amado pelo qual o Pai se regozija.

Deus dá o aumento, dizem-nos as Escrituras. Isto é para ser lembrado, porque, muitas vezes, pensamos que o aumento é o resultado de nossos esforços pessoais. O aumento vem pela operação de uma lei universal, e nossa parte é manter essa lei. Use o talento da vida e ele se expandirá maravilhosamente. Você faz isso falando sobre a vida, elogiando-a e dando graças a Deus por ela. Aja como se estivesse vivo e feliz por estar vivo, e você obterá uma nova compreensão da vida, um aumento da própria vida.

Nunca se permita controlar pelo homem do "Eu não posso". Ele acredita em limitações, envolve seu talento com elas e o esconde na terra negativa, nenhum aumento é possível para ele. Seja positivo no Espírito e terá sucesso. Todos os talentos negativos que estão enterrados nas profundezas do pensamento material podem ser ressuscitados pelo Espírito e transformados em positivos, colocados para o uso correto, contribuindo para o aumento do seu bem. O apetite e a paixão, que são depreciativos e destrutivos no material, podem se tornar crescentes e construtivos quando dirigidos às coisas do Espírito. *"Bem-aventurados os que têm fome e sede de justiça porque eles serão saciados."* (Mateus 5:6).

Se houver qualquer falta aparente no mundo do homem é porque os requisitos da lei de manifestação não foram cumpridos. Esta lei se baseia na mente e sua operação por meio de pensamentos e palavras. A chave do funcionamento da mente é simbolicamente definida no relato dos seis dias da criação, no livro do Gênesis. A mente do homem passa por etapas idênticas para trazer uma ideia à manifestação. Entre a percepção de uma ideia e sua manifestação ocorrem 6 movimentos definidos e positivos, seguidos de um sétimo "dia" de descanso, no qual a mente relaxa e vê seu trabalho em processo de realização.

Ao produzir uma manifestação da abundante provisão divina, dê o primeiro passo dizendo: *"Que haja luz"* (Gênesis 1:3); ou seja, que haja compreensão. Você deve ter uma clara percepção do princípio por trás da proposição *"Deus proverá"* (Gênesis 22:8). A substância única, eterna e universal de Deus, que é a fonte de tudo, deve ser identificada e confiada, enquanto a dependência das coisas materiais deve ser eliminada do pensamento. Na medida em que você depender do dinheiro, você estará adorando um falso deus e não identificou a luz. Você deve primeiro entrar no entendimento de que Deus, onipresente, onipotente e onisciente, é a fonte e que você pode utilizar essa fonte ilimitadamente. Se você estabeleceu essa luz, é que começou sua demonstração e pode passar ao segundo passo. Um "firmamento" deve ser estabelecido; ou seja, um lugar firme na mente, separando o verdadeiro do aparente. Isso é feito por meio de afirmação. Quando você afirmar que

Deus é sua provisão e seu apoio, suas palavras, na época devida, se tornarão substância para você, a substância da fé.

O terceiro passo é a formação dessa substância em algo tangível. *"Que as águas que estão sob o céu se reúnam num só lugar, a fim de que apareça a parte seca!"* (Gênesis 1:9). Fora da substância onipresente, suas mentes formam o que ela quiser pelo poder da imaginação. Se você precisa de comida, veja-se como abundantemente suprido de alimento. Se você já tiver dado outros passos, poderá imaginar em sua mente as coisas que deseja e trazê-las para o seu mundo manifesto. Se os outros passos de compreensão e fé não foram dados em primeiro lugar — não haverá, evidentemente, demonstração—, pois acima de tudo a lei criativa é ordenada e funciona por passos progressivos. Muitas pessoas tentaram demonstrar visualizando e se concentrando, e falharam porque colocaram o terceiro passo em primeiro lugar. Elas não desenvolveram compreensão e fé. Se você agir de acordo com a lei, em conformidade com seu funcionamento ordenado, como revelado nos graus da criação, você não poderá falhar, porque quando você tiver cumprido a lei, terá encontrado o reino.

Jesus reconheceu a ordem como um fator fundamental na lei do aumento. Quando Ele alimentou a multidão, a fez sentar-se em companhias. Se você estudar a história cuidadosamente, verá que houve uma grande quantidade de preparação antes que a demonstração fosse feita. Houve um reconhecimento das ideias-sementes, os pães e os peixes transportados pelo menino. Houve uma oração de agradecimento por aquela provisão e depois ela foi abençoada. Tudo isso precedeu o efetivo aparecimento e apropriação da provisão. Toda demonstração se baseia na mesma lei e segue as mesmas etapas ordenadas.

Ore, mas que sua oração seja afirmativa, pois essa é a oração da fé. Uma oração de súplica cheia de condições é uma oração de dúvida. Continue orando até que as afirmações se tornem um hábito mental. O pensamento mesquinho de escassez deve ser penetrado e tão carregado com a verdade da abundância onipresente de Deus para que toda consciência de escassez e pobreza desapareçam da face da terra. Quanto mais confiarmos na simplicidade e na infalibilidade da lei, melhor será a demonstração individual, e mais contribuiremos para a transformação do pensamento que causa escassez e fome. Aqueles que fazem as maiores demonstrações espirituais não são os sábios do mundo, mas os filhos obedientes da lei no seio do amor infinito.

Veja o que você precisa como já manifestado e como seu. Não deixe isso para um futuro incerto. Deus quer que você o tenha agora. Lembre-se sempre da onipresença de Deus e, se surgirem dúvidas, não as alimente. Diga: *"Eu confio na Onipotência". "Recuso-me a ficar ansioso sobre o amanhã ou mesmo sobre o próximo minuto. Sei que Deus provê a realização de Sua ideia divina, e eu sou essa ideia divina."* Essa ideia divina é o filho, o homem perfeito, o Cristo apresentado no sexto dia. Para que você tenha sua herança, não deve omitir a realização do sexto dia. Deus se expressa como homem e trabalha por meio do homem para trazer perfeição à expressão.

Deixar toda a ansiedade e confiar no Senhor não significa sentar-se e não fazer nada. "Meu Pai trabalhou até agora, e eu trabalho." Devemos trabalhar como Deus trabalha; trabalhar com Deus, como um filho segue a ocupação de seu pai. Devemos formar o que Deus criou. No primeiro capítulo do Gênesis, vemos como o Pai trabalha. Os vários passos em Seu método são claramente indicados e só teremos resultados se os seguirmos fielmente.

Algumas pessoas pensam na prosperidade como algo separado de sua experiência espiritual, "fora dos limites" da religião. Elas vivem em dois mundos: em um durante 6 dias da semana, quando o homem dirige as coisas, e no outro, no sétimo dia, quando Deus tem a chance de mostrar o que ele pode fazer. É uma demonstração de personalidade quando as pessoas se veem reclamando de tempos difíceis e depressão, mas não é a maneira de demonstrar Deus na plenitude de todas as coisas. Faça todas as coisas pela glória de Deus durante os 7 dias da semana, em vez de um só. Leve Deus a todos os seus negócios. Use este pensamento no silêncio e traga Deus e Sua lei de prosperidade para seus negócios: *Eu confio em Tua lei universal de prosperidade em todos os meus negócios.*

LIÇÃO SEIS

A RIQUEZA DA MENTE SE EXPRESSA EM RIQUEZAS

A prosperidade, de acordo com Webster[6], é um avanço ou ganho em qualquer coisa boa ou desejável, o progresso bem-sucedido na direção de, ou a realização de um objetivo desejado. Prosperidade não significa a mesma coisa para duas pessoas distintas. Para o assalariado, um aumento em sua renda semanal pode parecer uma prosperidade maravilhosa, pois significa um aumento no conforto e bem-estar de sua família. O homem que se dedica em grandes empreendimentos calcula a prosperidade em termos maiores, e não se considera próspero a menos que as coisas venham para ele de maneira grande. Entre esses extremos, há muitas ideias de prosperidade, o que mostra claramente que a prosperidade não está na posse de coisas, mas no reconhecimento da provisão e no conhecimento do acesso livre e aberto a um depósito inesgotável de tudo o que é bom ou desejável.

Na grande mente de Deus não existe pensamento de carência, e tal pensamento não tem lugar próprio em sua mente. É seu direito de nascença ser próspero, independentemente de quem você seja ou de onde esteja. Jesus disse a todos os homens: *"Buscai, pois, em primeiro lugar, o Reino de Deus e a sua justiça, e todas essas coisas vos serão providenciadas." (Lucas 13:31)*. Isso não significa que se você pertencer a uma determinada igreja você prosperará, pois "retidão" não está em conformar-se a uma crença religiosa em particular, mas à lei do pensamento correto, independentemente de credo, dogma ou forma religiosa. Entre no pensamento da prosperidade e você demonstrará prosperidade. Cultive o hábito de pensar na

---

6 Dicionário popular nos Estados Unidos, escrito por Noah Webster.

abundância presente em todos os lugares, não apenas nas formas da imaginação, mas nas formas exteriores.

Jesus não separou as duas como se fossem inimigas. Ele disse: "*Dai, portanto, a César o que é de César, e a Deus o que é de Deus!*" (Lucas 20:25). Coloque as coisas em sua relação correta, primeiro o espiritual e depois o material, cada um onde pertence, e dê a cada um o que é seu.

Perceba, em princípio, que a prosperidade não é totalmente uma questão de capital ou ambiente, mas uma condição provocada por certas ideias que receberam permissão para dominar a consciência. Quando essas ideias são alteradas, as condições são alteradas, apesar do ambiente e de todas as aparências que também devem mudar para se conformar às novas ideias. Pessoas que enriquecem repentinamente, sem desenvolver uma consciência de prosperidade, logo se separam do dinheiro. Aqueles que nascem e são criados para a riqueza, geralmente, têm fartura durante toda a vida, mesmo que nunca se esforcem para ganhar um centavo. Isso ocorre porque as ideias de abundância estão tão entrelaçadas em sua atmosfera de pensamento que são uma parte de si mesmos. Eles têm a consciência da prosperidade, na qual não há ideia de qualquer condição sob a qual as necessidades da vida possam faltar.

Às vezes nos perguntam se defendemos o acúmulo de riquezas. Não. O acúmulo de riquezas, como já foi explicado, é fútil a menos que seja fruto de uma consciência rica. Nós defendemos o acúmulo de ideias ricas, ideias que sejam úteis, construtivas e a serviço do bem-estar de toda a humanidade. A manifestação externa de riquezas pode ocorrer ou não, mas a provisão para cada necessidade estará disponível porque o homem de ideias ricas tem confiança em um poder que tudo provê e nunca enfraquece. Ele pode não ter um real sobrando, mas suas ideias têm mérito e ele tem confiança, combinação que não pode deixar de atrair o dinheiro para levá-lo adiante. Esta é a verdadeira riqueza, não um acúmulo de dinheiro, mas o acesso a um recurso inesgotável que pode ser usado a qualquer momento para atender a qualquer demanda justa. Quando uma pessoa tem essa consciência rica, não há necessidade de acumular ouro, ações e títulos ou outras propriedades para garantir o suprimento futuro. Tal pessoa pode ser muito generosa com sua riqueza sem medo de esgotá-la, porque suas ricas ideias o manterão em contato constante com a abundância. Aqueles que pensam em acumular riquezas materiais, pensamento que domina o mundo hoje, estão desequilibrados. Eles têm medo de perder as riquezas, o que torna sua posse insegura. Sua prosperidade se baseia em uma ideia errada da fonte das riquezas e, eventualmente, significa um desastre. O pecado das riquezas não está na posse, mas no amor ao dinheiro, um egoísmo material que leva à penúria da alma.

Não é crime nenhum ser rico, nem uma virtude ser pobre, como alguns reformistas querem que pensemos. O pecado é acumular as riquezas e impedir que elas circulem livremente para todos os que precisam. Aqueles que colocam a riqueza em trabalhos úteis e contribuem para o bem-estar das massas são a salvação do país. Felizmente, existem muitos neste país que têm consciência da prosperidade. Se estivéssemos todos em uma situação de pobreza, a fome seria tão comum aqui quanto na Índia ou na China. Milhões nessas terras estão presos no pensamento perpétuo da pobreza e sofrem privações em todas as suas formas, do berço ao túmulo. O peso do pensamento da pobreza reage sobre a terra de tal forma que ano após ano ela retém seus produtos e muitas pessoas passam fome.

A *Mente universal* controla toda a natureza e possui todos os seus produtos. "(...) *do Senhor é a terra e tudo o que nela existe*" (1 Conríntios 10:26) é uma grande verdade. O homem fraco usa toda a sua habilidade para obter o controle dos produtos da natureza, mas sempre é derrotado no final. Somente o homem universal de Espírito está em posse incontestável, e a ele o Pai diz: "*Tudo o que tenho é teu, e tudo o que tens é meu*"(João 17:10). Jesus não tinha o título de um pé de terra e, evidentemente, não tinha dinheiro, pois os discípulos carregavam todos os fundos que o grupo possuía.

Ele nem mesmo se incomodou com uma banheira, como fez Diógenes, e "não tinha onde reclinar a cabeça". No entanto, Ele sempre foi abastecido com o melhor entretenimento. Tinha como certo que tudo de que precisava era Seu. Os peixes carregavam Sua carteira e os éteres invisíveis forneciam o aparador de onde ele distribuía comida para milhares de pessoas. Ele era rico em todos os sentidos, pois tinha consciência da prosperidade e provou que a terra em toda a sua plenitude pertence ao Senhor, cujos filhos justos são herdeiros e possuem todas as coisas.

O pensamento ansioso deve ser eliminado e a descontração perfeita do filho da natureza, assumido, e quando a essa atitude você adiciona a realização de recursos ilimitados, você cumpriu a lei divina da prosperidade.

A imaginação é um maravilhoso poder criativo. Ela constrói todas as coisas a partir de uma única substância. Quando você a associa à fé, torna as coisas tão reais quanto aquelas que Deus faz, pois o homem é um "cocriador" com Deus. Tudo o que você formar na mente e em que tiver fé se tornará substancial. Então você deve estar em guarda com relação ao que você deposita em sua fé. Se forem formas materiais, sombras que cessam de existir assim que seu pensamento de apoio é retirado delas, então você está construindo uma substância temporária que irá passar e nada lhe deixará. Coloque sua fé no real ou, como disse Jesus aos discípulos, "tenha fé em Deus".

A verdadeira busca de todas as pessoas é por Deus. Elas podem pensar que estão procurando outras coisas, mas devem finalmente admitir que é a Deus que procuram. Tendo uma vez sentido Sua presença dentro delas, estão profundamente conscientes de que somente Deus pode satisfazer. O lugar onde encontramos Deus deve ser tão seguro e tão puro que nunca possamos confundir Sua voz ou ficar escondidos de Sua face. Este lugar nós conhecemos como a mente, o lugar mais íntimo da alma, o reino dos céus dentro de nós.

Não é suficiente, entretanto, sentar-se e ter pensamentos de abundância sem mais esforço. Isso limita a lei apenas ao pensamento, e queremos que ela também seja cumprida na manifestação. Cultivar ideias de abundância é a primeira etapa do processo. As ideias que surgem devem ser usadas. Esteja alerta ao fazer tudo o que vier a você, alegre e competente no fazer, certo dos resultados, pois é o segundo passo no cumprimento da lei.

Você pode fazer qualquer coisa com os pensamentos de sua mente. Eles são seus e estão sob seu controle. Você pode direcioná-los, coagi-los, silenciá-los ou esmagá-los. Você pode dissolver um pensamento e colocar outro em seu lugar. Não há outro lugar no universo onde você seja o mestre absoluto. O domínio dado a você como o seu *direito divino* é apenas sobre seus próprios pensamentos. Quando você compreende isso totalmente e começa a exercer o domínio que lhe foi dado por Deus, você começa a encontrar o caminho para Deus, a única porta para Deus, a porta da mente e do pensamento.

Se você tem medo de que não lhe serão fornecidas as necessidades da vida para amanhã, para a próxima semana, para o próximo ano, para sua velhice ou que seus filhos vão passar necessidade, negue o pensamento. Não se permita por um momento pensar em algo que deve estar fora do reino do bem todo-cuidadoso, que tudo provê. Você sabe, mesmo por experiência externa, que o universo é autossustentável e que seu equilíbrio é estabelecido por lei. A mesma lei que sustenta a todos sustenta você como uma parte. Reivindique sua identidade sob essa lei, sua unidade com o todo, e descanse nos braços eternos da Causa, que nada sabe sobre escassez. Se você está em uma condição de pobreza, essa atitude mental atrairá oportunidades para melhorar sua condição. Isole sua mente dos pensamentos destrutivos de todos aqueles que trabalham sob a crença nos tempos difíceis. Se seus amigos falam sobre restrições financeiras, afirme com maior persistência sua confiança na abundância de Deus.

Ao fazer isso, você se coloca sob uma lei divina de demanda e oferta que nunca é influenciada pelas flutuações do mercado ou pelas opiniões dos homens. Cada vez que você envia um pensamento de fé sincera na parte *EU SOU* de si mesmo, você coloca em movimento uma série de causas que devem trazer os resultados que você deseja. Peça o que quiser em nome do Cristo, do *EU SOU*, do divino interior e suas demandas serão atendidas; tanto o céu quanto a terra se apressarão em cumprir suas ordens. No entanto, ao pedir algo esteja alerta para recebê-lo quando chegar. As pessoas reclamam que suas orações não são respondidas quando elas não estão acordadas para receber a resposta quando ela vem.

Se você pedir dinheiro, não espere que um anjo do céu o traga numa bandeja de ouro, mas mantenha os olhos abertos para alguma nova oportunidade de ganhar dinheiro, uma oportunidade que virá tão certamente quanto você está vivo.

Estes são alguns passos tangíveis ao longo do caminho para a manifestação maior que você deseja. Ninguém jamais recebe as chaves do depósito de riquezas do Pai até que tenha provado sua fé e confiabilidade. Então ele pode entrar e distribuir os bens livremente. Se os homens do mundo, com suas ideias egoístas de "meu e teu" recebessem o poder sem uma limpeza mental completa, de produzir instantaneamente tudo o que desejassem, eles sem dúvida praticariam opressões ainda maiores sobre seus semelhantes e as condições existentes não melhorariam.

Um pedreiro vê um bloco de mármore como tantas horas de trabalho, enquanto Michelangelo o vê como um anjo que tem o privilégio de se revelar. Essa é a diferença entre aqueles que veem o mundo material como matéria e aqueles que o olham com os olhos da mente e da imaginação que trabalha rumo à perfeição. Quem pinta um quadro ou faz uma escultura, primeiro, a vê em sua mente. Ele primeiro o imagina. Se quer uma imagem forte, torna a força um dos elementos da sua imagem. Se ele deseja beleza e caráter, coloca amor nela. Ele pode não ver a imagem perfeita até que todos esses elementos estejam combinados; então, requer pouco esforço transferi-la de sua mente para a tela ou para o mármore.

No sexto dia da criação, como nos dizem, Deus "imaginou" o homem e o fez à Sua imagem e semelhança. Isso não significa que Deus se parece com o homem, um ser pessoal com forma humana. Nós fazemos uma coisa à nossa imagem, a imagem que temos em mente para a coisa, e nossa criação não se parece conosco de forma alguma. Deus não tem forma, pois *Ele é Espírito*. Deus é uma ideia que o homem tentou objetivar de várias formas. Ele é a substância universal, a vida que anima a substância e o amor que a une. O homem, naturalmente, dá alguma forma a cada ideia que tem, até mesmo a ideia de Deus, pois a faculdade formativa da mente está sempre em ação, quer estejamos acordados ou dormindo. Obtemos material para formar imagens mentais de fora e de dentro.

Essa imagem ou poder formativo da mente não poderia fazer nada a menos que tivesse a substância com a qual formá-la. Não se pode fazer um pão sem farinha e outros ingredientes. No entanto, com todos os ingredientes disponíveis, alguém não poderia fazer um pão se não tivesse o poder de imaginar o pão em sua mente. Parece simples, mas o fato é que o poder de formar o pão é menos comum do que o material disponível para o pão. Farinha e água são abundantes, mas apenas certas pessoas podem usá-las da maneira certa para formar um pão saboroso. O mesmo acontece com este assunto da prosperidade. A substância está em toda parte, preenchendo todo o universo. Não falta. Se não tivermos sido bem-sucedidos em transformá-la nas coisas de que precisamos e desejamos, não é por falta de substância, mas por falta de compreensão de como usar nosso poder de imaginação.

O mundo passa por períodos de aparente escassez porque as pessoas se recusaram a construir sua prosperidade na substância interna, onipresente e duradoura e, ao contrário, tentaram basear--se na substância que veem no exterior. Esta substância externa, formada pelo poder imaginário dos homens em épocas passadas, parece ser limitada, e os homens lutam por ela, esquecendo seu próprio poder divino de formar sua própria substância a partir do ilimitado suprimento interno. A lição para todos nós deve ser construir nossa prosperidade sobre a substância interior.

Aqueles que demonstram prosperidade por meio da lei dos homens não têm nada permanentemente. Todos os seus bens podem ser varridos em um momento. Eles não se basearam na lei ordeira de Deus e, sem os ricos pensamentos da generosidade de Deus, ninguém pode ter uma consciência duradoura da provisão.

Nenhuma doença, pobreza ou qualquer outra condição negativa pode entrar em nosso domínio, a menos que a convidemos. Nem pode permanecer conosco, a menos que a entretenhamos. O poder consciente sobre todas essas condições é um de nossos maiores prazeres e uma parte de nossa herança divina, mas devemos aprender a lei e aplicar o poder da maneira correta.

Os homens têm consciência da falta porque permitem que Satanás, a serpente dos sentidos, os tente. O Jardim do Éden está dentro de nós aqui e agora, e a tentação sutil de comer da árvore dos sentidos também persiste. Recebemos domínio sobre as forças animais do corpo, as "feras do campo", e devemos domesticá-las, tornando-as servas em vez de donas do corpo. Em vez de alimentá-las, devemos fazer com que elas nos alimentem. Ao superarmos os animais internos será fácil treiná-los externamente. Esta verdade da vitória é ensinada nas Escrituras, e podemos demonstrá-la em nossa vida, pois Deus nos dotou com o poder para vencer. Devemos nos apoderar desse poder inerente e começar a usá-lo de maneira construtiva.

Toda a família humana parece descontrolada. Todos os nossos problemas econômicos e sociais podem ser rastreados até o egoísmo do homem sensorial. Nunca poderemos superar essas condições no exterior até que superemos suas causas em nossa alma interior. Com certeza haverá repetição de guerra e paz, fartura e fome, bons tempos e depressões, até que tiremos o controle da substância mental do homem sensorial e o entreguemos ao homem espiritual. Sabemos que existe um homem espiritual e esperamos, de forma ideal, a sua vinda; mas ele não virá até que o tragamos. Esperamos e oramos pela vinda de coisas melhores; mas, como Mark Twain disse sobre o tempo, "*ninguém faz nada a respeito*". Podemos fazer algo sobre esta questão de autocontrole e cada um de nós deve fazer, se quisermos melhorar nossa condição física e financeira, tanto o bem moral, quanto o bem espiritual. Devemos erguer esta serpente dos sentidos, como Moisés ergueu a serpente no deserto, e controlá-la em nome de Cristo.

Elimine todas as ideias negativas que vêm à sua mente. No entanto, não gaste todo o seu tempo em negações, mas dê muito dele à compreensão clara da substância e da vida presentes e à espera em todos os lugares. Alguns de nós, em certa medida, herdaram as ideias de "tempos difíceis" ao entreter o pensamento inferior tão prevalente ao nosso redor. Não se permita fazer isso. Lembre-se de sua identidade, que você é um filho de Deus e que sua herança vem d'Ele. Você é o herdeiro de tudo o que o Pai possui. Deixe o *EU SOU* salvá-lo de todo o pensamento negativo. As flechas que voam de dia e a peste ameaçadora são esses pensamentos negativos inferiores na atmosfera mental. A consciência *EU SOU*, do seu Salvador, o conduzirá para fora do deserto da negação e para a Terra Prometida da abundância que flui com leite e mel.

Negue que você tenha perdido alguma coisa em uma depressão. Deixe de lado os pensamentos negativos de perda financeira ou qualquer outro tipo de perda e perceba que nada jamais se perde em todo o Universo. Existem oportunidades em todos os lugares, como sempre houve, para produzir tudo de que precisa financeiramente ou de outra forma. Deus deseja que você se torne um gerador de novas ideias. Novas ideias vêm a você por meio do seu interior. Não pense por um momento que você está limitado às ideias que vêm de fora. Muitas delas estão superadas, de qualquer maneira, e perderam sua utilidade. É por isso que passamos por períodos de mudança; as velhas ideias ultrapassadas podem ser descartadas e substituídas por outras novas e melhores. Houve mais invenções desde o início da chamada depressão do que em qualquer período semelhante e anterior na história norte-americana. Isso mostra que novas ideias estão lá dentro do homem, apenas esperando para serem convocadas e colocadas em expressão. Podemos encontrar novas maneiras de viver e novos métodos de trabalho; não estamos confinados aos métodos e maneiras do passado. Quando comungamos com o Espírito interior e pedimos novas ideias, elas estão sempre disponíveis. Quando essas ideias de dentro de nós são reconhecidas, elas funcionam e vêm à tona. Em seguida, todos os pensamentos que já tivemos, bem como os pensamentos de outras pessoas, são adicionados a eles e novas coisas são produzidas rapidamente. Vamos parar de depender servilmente de outra pessoa para tudo e nos tornarmos produtores, pois, somente nessa direção reside a felicidade e o sucesso. Vamos começar a nos concentrar neste homem interior, este homem poderoso que produz coisas, que obtém suas ideias de um reino de dimensão superior e que traz ideias de um novo território, a terra de Canaã.

Que tipo de caráter você está dando a essa substância interior com seus pensamentos? Mude-os e aumente sua substância na mente, como Eliseu aumentou o óleo para a viúva. Pegue recipientes maiores e muitos deles. Mesmo uma ideia muito pequena de substância pode ser acrescentada e aumentada. A viúva tinha uma quantidade muito pequena de óleo, mas conforme o profeta a abençoava, a porção de óleo aumentava até encher todos os vasos que ela poderia pegar emprestado dos vizinhos. Devemos formar o hábito de abençoar tudo o que temos. Pode parecer tolice para algumas pessoas que abençoemos nossos centavos e reais, mas sabemos que estamos colocando a lei do aumento em ação. Toda substância é una e conectada, seja no visível ou no invisível. A mente gosta de algo que já está formado e tangível para uma sugestão tomar conta. Com essa imagem, a mente começa a trabalhar para extrair substância semelhante do reino invisível e, assim, aumentar o que temos em mãos. Jesus usou a pequena quantidade de pães e peixes para produzir uma grande quantidade de pães e peixes. Eliseu usou uma pequena quantidade de óleo para produzir uma grande quantidade de óleo. Portanto, quando abençoamos nosso dinheiro ou outros bens, estamos cumprindo a lei divina do aumento que foi demonstrada por diversas vezes.

Outro passo na demonstração de prosperidade é a preparação da consciência para receber o aumento. Se orarmos por chuva, devemos ter certeza de que temos nossos guarda-chuvas conosco. Você leu no Capítulo 3 do livro de 2 Reis, contidos nas escrituras, e que descreve como Eliseu fez com que a água viesse do invisível e enchesse valas no deserto. Mas primeiro as valas tiveram que ser cavadas no solo seco. Isso exigia fé, mas os reis a tinham e cavaram valas em um grande vale, assim como Eliseu havia ordenado. Foi por meio da compreensão de Eliseu, que conhecia a verdade sobre a substância invisível, que esse aparente milagre foi realizado. No entanto, as valas tiveram que ser preparadas; e você deve preparar sua consciência para o influxo da substância universal. Ela obedece à lei da natureza, assim como a água ou qualquer outra coisa visível, e flui para o lugar preparado para ela. Ela preenche tudo o que você tem em sua mente, sejam vasos, valas ou o seu bolso.

Não é aconselhável esperar por uma demanda muito específica. Você pode visualizar cem reais e obtê-los quando mil estiverem vindo em sua direção. Não limite a substância ao que você acha que precisa ou deseja; em vez disso, amplie sua consciência e dê liberdade à *Mente infinita* para trabalhar, e todas as coisas boas e necessárias lhe serão fornecidas. Faça declarações amplas e abrangentes, de modo que sua mente possa se expandir para o Infinito em vez de tentar restringir o Infinito em sua mente.

Declarações para ampliar a mente e enchê-la com a riqueza da substância:

A sabedoria infinita me guia, o amor divino me faz prosperar e sou bem-sucedido em tudo o que empreendo.

Em silêncio e confiança, afirmo o poder de atração do amor divino como meu ímã de provisão em constante crescimento.

Eu tenho fé ilimitada na substância onipresente de aumentar e multiplicar-se à minha palavra de abundância, abundância, abundância.

Pai, agradeço a Ti pelo aumento ilimitado em mente, dinheiro e negócios.

LIÇÃO SETE

DEUS PROVEU PROSPERIDADE PARA TODOS OS LARES

O lar é o coração da nação. O coração é o centro do amor. O amor é o maior poder de atração do mundo. O eletroímã que levanta os lingotes de aço deve primeiro ser carregado com a corrente elétrica, pois sem a corrente ele fica impotente. Do mesmo modo, o coração do homem, ou o lar que é o coração da nação, deve estar inflamado com o amor de Deus; então, se torna um ímã atraindo tudo de bom de todas as direções. Deus proveu amplamente para cada lar, mas a provisão é em substância universal que responde apenas à lei. Por meio da aplicação da lei, a substância é atraída para nós e começa a trabalhar para nós.

É a lei do amor que suscita que tenhamos tudo o que desejamos. Assim como um pai dá presentes a seus filhos, o Senhor também nos dá, por causa do amor. Quando desejamos corretamente, colocamos nossos pensamentos no reino da supramente; contatamos a Mente de Deus e dela extraímos a substância invisível que se manifesta nas coisas temporais. A substância, portanto, torna-se parte de nossa mente e através dela de nossos negócios. Atraímos a substância espiritual para nós da mesma forma que o ímã atrai o ferro. Quando pensamos no amor de Deus atraindo para nós a substância necessária para o sustento e provisão, essa substância começa a se acumular ao nosso redor e, à medida que permanecemos em consciência dela, começa a se manifestar em todos os nossos negócios.

"(...) *O perfeito amor lança fora todo o medo.*" (1 João 4:18). O medo é um grande criador de pessimismo, pois destrói os pensamentos positivos. Pensamentos negativos trazem condições negativas em seu reboque. A primeira coisa a fazer ao dar uma demonstração de prosperidade no lar é descartar todos os pensamentos e palavras negativos. Construa uma atmosfera de pensamento positivo em casa, uma atmosfera livre de medo e cheia de amor. Não permita que nenhuma palavra de pobreza ou escassez limite o poder de atração do amor no lar. Selecione, cuidadosamente, apenas as palavras que carregam a atmosfera doméstica com a ideia de abundância, pois semelhante atrai semelhante no invisível e também no visível. Nunca faça uma afirmação em casa, por mais verdadeira que pareça superficialmente, que você não gostaria que persistisse no seu lar. Ao falar de pobreza e escassez você está criando um lugar confortável para hóspedes indesejáveis junto da lareira, e eles vão querer ficar. Em vez disso, preencha o lar com pensamentos e palavras de abundância, de amor e da substância de Deus; então, os hóspedes indesejáveis logo o deixarão.

Não diga que o dinheiro é escasso; a própria declaração vai espantar o dinheiro para longe de você. Não diga que os tempos estão difíceis para você; as próprias palavras vão apertar os cordões da bolsa até que a própria Onipotência não possa deslizar um centavo para dentro dela. Comece agora a falar em abundância, pensar em abundância e agradecer pela abundância. Recrute todos os membros da casa para esse trabalho. Faça disso um jogo. É muito divertido e, melhor que isso, realmente funciona.

Todo lar pode ser próspero e não deve haver lares pobres, pois eles são causados apenas pela desarmonia, medo, pensamento e discurso negativos. Cada item visível de riqueza pode ser rastreado até uma fonte invisível. O alimento vem de grãos, que foram plantados na terra; mas quem vê ou conhece o amor vivificante que toca a semente e a faz gerar centenas? Uma força invisível de uma fonte invisível atua sobre as pequenas sementes e delas brota o suprimento para a multidão.

A substância física que chamamos de terra é a forma visível de uma substância mental superabundante, presente em todos os lugares e que permeia todas as coisas e inspira todos à ação. Quando o grão ou a semente é colocado na terra, o pensamento vivificante do universo faz com que o pequeno germe de vida se apodere da substância espiritual ao seu redor, e o que chamamos de matéria prova ser uma forma de mente. "Não há matéria; tudo é mente." Palavras também são sementes, e quando caem na substância espiritual invisível elas crescem e geram conforme sua espécie. "Os homens colhem uvas de espinhos ou figos de cardos?" Agricultores e jardineiros escolhem suas sementes com o maior cuidado. Eles rejeitam todas as sementes defeituosas que encontram e, dessa forma, garantem a próxima colheita. Para ter prosperidade em sua casa, você terá que exercer o mesmo discernimento inteligente ao escolher sua palavra-semente. Você deve esperar prosperidade quando cumpre a lei da prosperidade. Portanto, seja grato por toda bênção que receber e tão profundamente grato por toda demonstração quanto por um tesouro inesperado depositado em seu colo. Isso manterá seu coração renovado; pois a verdadeira ação de graças pode ser comparada à chuva caindo sobre o solo preparado, refrescando-o e aumentando sua produtividade. Quando Jesus tinha apenas uma pequena provisão, ele agradeceu pelo pouco que tinha. Isso aumentou aquele pouco, a tal abundância, que uma multidão se satisfez com a comida e muito sobrou. A bênção não perdeu seu poder desde a época em que Jesus a usou. Experimente e você comprovará sua eficácia. O mesmo poder de multiplicação está nele hoje. Louvor e ações de graças transmitem o poder espiritual vivificador que produz crescimento e aumento em todas as coisas.

Você nunca deve condenar nada em sua casa. Se você deseja que novos móveis ou roupas substituam os que você tem agora, não diga que suas coisas atuais são velhas ou surradas. Cuidado com as palavras! Veja-se vestido como um filho do Rei e veja sua casa mobiliada da maneira que agrada ao seu ideal. Assim, plante na atmosfera doméstica a semente da riqueza e da abundância. Tudo virá para você. Use a paciência, a sabedoria e a assiduidade que o fazendeiro emprega no plantio e cultivo, e sua colheita será farta.

Suas palavras de Verdade são energizadas e vitalizadas pelo Espírito vivo. Sua mente agora está aberta e receptiva a um influxo de ideias divinas que irão inspirá-lo a compreender o poder de seus próprios pensamentos e palavras. Você é próspero. Seu lar é um ímã de amor, atraindo para ele todo o bem do reservatório infalível e inesgotável de provisão. Seu aumento vem por causa da aplicação justa da lei de Deus em seu lar.

"A bênção do Senhor produz riqueza e não provoca sofrimento algum." (Provérbios 10:22). Jesus mostrou aos homens como viver em repouso e paz, uma vida simples. Onde a simplicidade do seu ensinamento é acolhida e apreciada, o povo muda o seu modo de viver, acabando com a ostentação e encontrando a simplicidade e a beleza das coisas que valem a pena. Durante todos os verões aqueles que sentem isso podem planejar uma viagem de férias e muitos deles desfrutam de uma pequena cabana num bosque onde podem levar uma vida simples e natural, junto à natureza. Isso mostra que eles desejam se livrar dos fardos do convencionalismo e permanecer em contato com o real das coisas. A alma se cansa do desgaste do mundo artificial e, de vez em quando, deve ter um período de descanso. Jesus convida: *"Vinde a mim todos os que estais cansados de carregar suas pesadas cargas, e Eu vos darei descanso"* (Mateus 11:28). Existe uma grande diferença entre a vida simples e a pobreza. As duas estão associadas na mente de algumas pessoas, e é por isso que elas evitam a ideia de uma vida simples. Mesmo aquelas que alcançaram algum grau de compreensão espiritual, às vezes, afastam da mente todo pensamento sobre uma maneira simples de viver, pois temem que os outros pensem que estão falhando em demonstrar prosperidade. Nesses casos, aqueles que julgam devem se lembrar de "não julgar pelas aparências", e aqueles que são julgados devem se satisfazer com o louvor de Deus, e não com o louvor dos homens. Todos aqueles que baseiam sua prosperidade apenas nas posses têm uma prosperidade puramente material que, embora possa parecer grande por algum tempo, desaparecerá, porque se baseia na mudança do externo e não tem raiz na consciência.

Há uma grande semelhança nas casas de quase todas as pessoas que têm rendimentos semelhantes. Cada um segue inconscientemente a sugestão e mobilia sua casa com o mesmo tipo de coisas que seus vizinhos. Aqui e ali existem exceções. Alguém está expressando sua individualidade, superando a sugestão da massa e comprando o tipo de móvel que realmente deseja ou que seja realmente confortável e útil. Esse espírito livre e independente tem muito a seu favor ao fazer uma demonstração de prosperidade. A ilusão de que é preciso ser igual às outras pessoas ou ter tanto quanto elas têm causa em um espírito de ansiedade que dificulta o exercício da fé na demonstração.

A vida simples não implica pobreza e não é ascética. É tão diferente da austeridade quanto do luxo desenfreado. É o modo de vida natural, livre e singelo, e nunca se sabe realmente o que é a verdadeira prosperidade até chegar a essa simplicidade e independência de espírito. A vida simples é um estado de consciência. É paz, contentamento e satisfação na alegria de viver e amar, e é alcançada pensando em Deus e adorando-o em espírito e em verdade.

Você deseja aprender como demonstrar prosperidade em seu lar pelo exercício virtuoso dos poderes e faculdades que Deus lhe deu. Perceba desde o início que você tem esses poderes e habilidades. Você possui tudo o que é necessário para a demonstrá-la e pode realizá-la com a maior confiança e fé. Você pode utilizar a substância onipresente por toda a eternidade, mas ela nunca diminuirá, pois consiste em ideias. Através do pensamento, você se apropria de algumas dessas ideias em sua mente e elas começam a se manifestar em seus negócios.

O amor é uma daquelas ideias que fornecem a chave para o depósito infinito da abundância. Ele abre a generosidade em nós. Ele abre a generosidade nos outros quando começamos a amá-los e abençoá-los. Também abrirá um espírito de generosidade em Deus? Certamente o fará. Se você de forma consciente ama e abençoa a Deus, logo descobrirá que as coisas estão vindo em sua direção. Irá surpreendê-lo que apenas pensar em Deus atrairá para você as coisas que deseja e espera, e trará muitas outras bênçãos que nem tinha pensado. Milhares de pessoas provaram essa lei para sua total satisfação, e temos muitos registros que ilustram como as pessoas têm demonstrado abundância, mesmo diante da aparente falta, simplesmente pensando no amor de Deus e agradecendo a ele pelo o que possuem. Esta lei se demonstrará para você ou para qualquer um que a aplique fielmente, pois *"o amor jamais morre"* (1 Coríntios 13:8). Homens nos negócios e na indústria demonstraram grandes quantias de dinheiro por meio do amor. Eles não amavam a Deus, mas o amor ao dinheiro atraiu o dinheiro para eles. Ele atraiu a substância para eles e permitiu-lhes acumular dinheiro, mas apenas como material, sem a ideia divina que garante a permanência. Ouvimos falar de homens das altas finanças que vão à falência com a mesma frequência que ouvimos falar de homens que fazem grandes fortunas. Quando desenvolvemos uma consciência espiritual, transferimos este amor pessoal para um plano superior mais estável, do amor ao dinheiro e às coisas materiais para o amor de Deus, e assim concebido atrairá para nós todos os recursos da *Mente infinita* para sempre. Depois de fazer uma conexão com o banco universal de Deus, você terá uma fonte permanente de riqueza.

Jesus disse que quando vamos ao altar para fazer uma oferenda não devemos ter nada em nosso coração contra nosso irmão. Ele disse que antes de entrarmos em contato com o amor e o poder de Deus devemos primeiro fazer as pazes com o nosso irmão. Isso significa que devemos cultivar o amor por nossos semelhantes, a fim de colocar em ação a força atrativa do amor. Tudo o que precisamos fazer é despertar nosso amor pelos outros, pensando no amor e expulsando de nossa mente todo ódio e medo que enfraqueceriam o funcionamento perfeito daquele poderoso ímã. Conforme o amor é atraído, o ódio se dissipa. Antes de se aproximar do altar da abundância de Deus, vá e faça amizade com seus irmãos. Faça amizade até mesmo com os poderes do dinheiro. Não inveje os ricos. Nunca condene aqueles que têm dinheiro simplesmente porque eles têm e você não. Não questione como eles conseguiram seu dinheiro e se eles são honestos ou não. Nada disso é da sua conta. Seu propósito é conseguir o que pertence a você, e você faz isso pensando na substância onipresente de Deus e como você pode conquistá-la por meio do amor. Entre em contato com as riquezas espirituais de Deus e tome posse delas pelo amor e você terá o suficiente para cada dia. "*O amor, portanto, é o cumprimento da lei.*"

A eterna lei do Espírito continua operando independentemente do que você possa pensar, dizer ou fazer. Está ordenado que o amor lhe trará prosperidade e você não precisa se perguntar se a trará ou como trará. "Portanto, não vos preocupeis, dizendo: Que iremos comer? Que iremos beber? Ou ainda: Com que nos vestiremos?" Não se preocupe. A preocupação é uma ladra, pois mantém suas posses longe de você. Ela quebra a lei de atração do amor,

a lei que diz: " (...) *O perfeito amor lança fora todo o medo.*" (1 João 4:18). Elimine a preocupação afirmando serenamente e com confiança o poder de atração do amor divino, como o ímã constantemente ativo que atrai sua provisão infalível. Uma boa afirmação para acabar com a preocupação é algo como:
O amor divino, abundantemente, fornece e aumenta a substância para atender a todas as minhas necessidades.

Quase todos os livros ou artigos que tratam de sucesso ou prosperidade enfatizam as conhecidas virtudes da honestidade, indústria, sistema e ordem, fidelidade e trabalho árduo. Estas constituem uma excelente base e podem ser desenvolvidas. Qualquer pessoa com determinação e vontade pode superar hábitos de preguiça, descuido e fraqueza pela força de vontade. O uso da vontade é muito importante na demonstração da prosperidade. Se houver desordem ou falta de sistema em sua casa, supere-a. Afirme: *"Eu serei ordeiro. Serei sistemático em todo o meu trabalho e negócios. Eu sou sistemático. Eu sou ordeiro. Eu sou eficiente".*

É preciso usar da sua própria vontade para ser persistente. Devemos ser persistentes ao fazer demonstrações. Esforços espasmódicos contam pouco, e muitas pessoas desistem facilmente. Se as coisas não dão certo na primeira tentativa, elas dizem que a lei está errada e não fazem mais nenhum esforço. Qualquer coisa que valha a pena tanto quanto a prosperidade no lar e, especialmente, uma provisão permanente e infalível que continua atendendo às necessidades diárias, ano após ano, vale qualquer esforço que possamos fazer. Então, seja paciente, mas persistente. Afirme: *"Não estou desanimado. Eu sou persistente. Eu vou em frente".*

Quando o sucesso não consegue coroar nossos primeiros esforços, ficamos desanimados e desistimos. Em seguida, tentamos nos consolar com o velho pensamento de que somos pobres por vontade de Deus. Pobreza não é a vontade de Dele, mas o homem pede desculpas a Ele por seu próprio sentimento de inadequação e derrota. A vontade de Deus é saúde, felicidade e prosperidade para todos os homens. Ter tudo o que é bom e belo em casa é expressar a vontade de Deus para nós. A vontade de Dele não é expressa em uma choupana, nem em qualquer casa onde a discórdia, a escassez presentes. Mesmo um hóspede humano não ficaria muito tempo em uma casa assim. Como, então, podemos esperar que o Pai faça Sua morada ali? Para ter um lar próspero, prepare-o como a morada de Deus, que dá prosperidade a todos os Seus filhos e não acrescenta nenhuma tristeza a isso. Decida conhecer a vontade de Deus e cumpri-la. Afirme: *"Estou determinado a alcançar o sucesso fazendo a vontade de Deus"*. Isto resume toda a lei. Deus está mais disposto a dar do que nós a receber. O que precisamos fazer é determinar qual é a Sua vontade, o que o Senhor está tentando dar, e nos abrirmos para receber Sua generosidade. Fazemos isso desejando fazer a Sua vontade. Você pode ser e ter tudo o que deseja ser e ter. Desejo de ser saudável. Desejo de ser feliz. Desejo de ser próspero.

Há muitas pessoas que desejam ser prósperas e que decidiram, segundo pensam, com muita determinação. Mas, elas não superaram todas as dúvidas, e quando sua demonstração se atrasa, como ocorre em tais casos, a dúvida aumenta até que percam totalmente a fé. O que elas precisam é de mais persistência e determinação. A palavra "determinado" é boa, forte e substancial, demonstra poder. Jesus disse que Suas palavras eram espírito e vida e nunca passariam. Emerson diz que as palavras são vivas e se você cortar uma ela sangrará. Use a palavra "determinado" e enfatize-a em suas afirmações. Se as coisas não parecem acontecer com rapidez suficiente, determine que você será paciente. Se pensamentos negativos se insinuarem, determine ser positivo. Se você se sente preocupado com os resultados, determine ser otimista. Em resposta a cada pensamento de falta ou necessidade, determine que será próspero. O Senhor tem prosperidade para dar, e aqueles que estão determinados vão atrás de sua parte. Jesus foi bastante positivo e muito determinado em todas as suas afirmações. Ele fez grandes reivindicações sobre Deus e as demonstrou. Sem a menor dúvida de que o dinheiro estaria ali, Ele colocou a mão na boca do peixe e tirou o dinheiro que queria. Suas orações eram feitas de uma forte afirmação após a outra. O Pai Nosso é uma série de afirmações determinadas. Reivindicamos a vontade de Deus para que sejamos ricos, prósperos e bem-sucedidos. Decida que essa é a vontade de Deus para você e sua casa, e você fará sua demonstração.

No Antigo Testamento, no Capítulo 4 do livro 2 de Reis, há uma excelente lição de prosperidade para qualquer lar. A viúva representa aquele que perdeu sua consciência da provisão e o apoio de Deus. Essa ideia divina de Deus, como plena abundância, é o nosso verdadeiro apoio. Os dois filhos desta casa representam os pensamentos de dívida, o que a família deve e o que alguém deve à família. O profeta é o entendimento divino. A casa é a consciência corporal. O pote de óleo é a fé na substância espiritual. Os vizinhos são pensamentos externos e seus "vasos vazios" são pensamentos de escassez. Entrar "e fechar a porta", como a viúva foi instruída a fazer, é entrar na consciência interior e excluir os pensamentos de escassez. Seguem-se fortes palavras de afirmação: "derramar" a substância em todos os lugares que parecem vazios ou em falta, até que todos estejam cheios. Em conclusão, afirma-se que toda obrigação é cumprida, toda dívida paga e tanto sobra que não há mais vasos para contê-la.

Isso se compara à promessa de Deus *"(...)comprovai com vossos próprios olhos se não abrirei as comportas do céu, e se não derramarei sobre vós tantas bênçãos, que nem conseguireis guardá-las todas."* (Malaquias 3:10). "Céu" representa a mente. Tudo isso é feito na mente e você pode fazê-lo. Avance cada passo em sua imaginação, exatamente como se estivesse ocorrendo externamente. Forme a sua demonstração de prosperidade em sua mente, então, apegue-se à lei divina do cumprimento. *"E, havendo feito tudo, permanecer firmes."* (Efésios 6:13). Você talvez não consiga encher todos os vasos com óleo na primeira tentativa, mas à medida que praticar o método dia após dia, sua fé aumentará e seus resultados serão proporcionais à sua fé crescente.

Trabalhe no problema até que você o prove. Aplique o princípio e a solução será certa. Se não acontecer imediatamente, verifique seus métodos cuidadosamente e veja onde seu trabalho não tem sido verdadeiro. Não permita que um pensamento vazio exista em sua mente, mas preencha cada canto e recanto com a palavra abundância.

Se sua bolsa parece vazia, negue a escassez e diga: "Você está cheio até agora da generosidade de Deus, meu Pai, que supre todas as minhas necessidades". Se seus quartos estiverem vazios, negue a aparência e determine que a prosperidade se manifeste em todas as partes de cada quarto. Nunca pense em você como alguém pobre ou necessitado.

Não fale de tempos difíceis ou da necessidade de economia rígida. Até "as paredes têm ouvidos" e, infelizmente, memórias também. Não pense que você tem pouco, mas que tem muito. Vire o telescópio de sua imaginação e olhe pelo outro lado.

"Não amaldiçoes o rei nem mesmo em pensamento. Tampouco em seu aposento insultes o rico! Porquanto uma ave do céu poderá levar as tuas palavras pelo ar, e seres alados poderão se encarregar de divulgar aos quatro ventos tudo o que disseste!" (Eclesiastes 10:20).

"Abençoado com felicidade é o homem que não segue o conselho dos ímpios, nem se deixa influenciar pela conduta dos pecadores, nem se senta na reunião dos zombadores.

Ao contrário: sua plena satisfação está na lei do Senhor,
e na Sua lei medita, dia e noite!

Ele é como a árvore plantada à margem de águas correntes: dá fruto no tempo apropriado e suas folhas não murcham; tudo quanto realiza prospera!" (Salmos 1).

"Com sabedoria se constrói uma casa,
e com inteligência ela se consolida.

Mediante discernimento seus cômodos são mobiliados
com todo tipo de bens preciosos e agradáveis. (Provérbios 24:3 e 4)

"O Senhor te abrirá o céu, o depósito do seu tesouro." (Deuteronômio 28:12).

"E o Todo-Poderoso será o teu tesouro mais precioso e a tua prata predileta." (Jó 22:25).

"O Senhor é o meu pastor, nada me faltará." (Salmos 23:1).

"Confia no Senhor e pratica o bem;
assim habitarás em paz na terra e te nutrirás com a fé." (Salmos 37:3).

"O Senhor concede graça e glória.

Ele nenhum bem recusa aos que vivem com integridade." (Salmos 84:11).

"Outorgando riquezas aos que me amam; oferecendo a estes prosperidade." (Provérbios 8:21).

"Se quiserdes e me ouvirdes, comereis o melhor desta terra." (Isaías 1:19).

LIÇÃO OITO

DEUS PAGARÁ AS SUAS DÍVIDAS

"*Perdoa-nos as nossas dívidas, assim como perdoamos aos nossos devedores.*" (Mateus 6:12). Nessas palavras, Jesus expressou uma lei infalível da mente, a lei de que uma ideia deve ser dissolvida antes que outra possa tomar o seu lugar. Se você tem em mente qualquer pensamento de que alguém o prejudicou, não pode permitir que o poder purificador do Espírito e a riqueza da substância espiritual entrem até que você jogue fora a ideia do erro e o perdoe totalmente. Você pode estar se perguntando por que não conseguiu obter iluminação espiritual ou encontrar a consciência da substância espiritual. Talvez a razão seja esta: falta de espaço para os pensamentos verdadeiros porque outros pensamentos ocupam sua mente. Se você não está recebendo a compreensão espiritual que acha que deveria, deve examinar cuidadosamente sua mente em busca de pensamentos vingativos. "Pensamentos são coisas" e ocupam espaço no reino da mente. Eles têm substância e forma, podem ser facilmente tomados como permanentes por alguém não dotado de discernimento espiritual. Os pensamentos produzem frutos de acordo com as ideias-sementes plantadas na mente, mas não são duradouros a menos que sejam fundamentados no Espírito. Os pensamentos estão vivos e são dotados pelo pensador de um poder de pensamento secundário; ou seja, a entidade de pensamento que o *EU SOU* assume um ego e começa a pensar por conta própria. Os pensamentos também ponderam, mas apenas com o poder que você atribui a eles.

Diga-me que tipo de pensamento você tem sobre si mesmo e seus vizinhos e eu posso lhe dizer exatamente o que esperar em termos de saúde, finanças e harmonia em seu lar. Você desconfia de seus vizinhos? Você não pode amar e confiar em Deus se você odeia e desconfia dos homens. As duas ideias, amor e ódio, ou confiança e desconfiança, simplesmente não podem estar presentes em sua mente ao mesmo tempo, e quando você está entretendo uma, pode ter certeza de que a outra está ausente. Confie nas outras pessoas e use o poder que acumulou desse ato para confiar em Deus. Há magia nisso: faz maravilhas; amor e confiança são poderes dinâmicos e vitais. Você está acusando os homens de serem ladrões e teme que eles vão tirar de você algo que é seu? Com tal pensamento gerando medo e até terror em sua mente e enchendo sua consciência com escuridão, onde há espaço para a luz de proteção do Pai? Em vez disso, construa muros de amor e substância ao seu redor. Envie mensageiros rápidos e invisíveis de amor e confiança para sua proteção. Eles são melhores protetores do que policiais ou detetives.

Não julgue os outros quanto à sua culpa ou inocência. Considere a si mesmo e como você está aos olhos do Pai por ter pensamentos sobre a culpa do outro. Comece sua reforma por você mesmo. Isso significa muito para quem gosta de compreender a mente e suas leis, embora possa significar pouco para o indivíduo comum. Aquele que se conhece superficialmente, apenas sua personalidade externa, pensa que se reformou quando se conformou com as leis morais e governamentais. Ele pode até estar cheio de sua própria retidão e levantar diariamente sua voz para louvar a Deus por não ser como os outros homens, por ter perdoado aos homens suas transgressões. Ele considera todos os homens que não se conformam com suas ideias de moralidade e religião como pecadores e transgressores, e agradece a Deus por sua visão e perspicácia. Mas ele não está em paz. Parece que falta algo. Deus não fala com ele "cara a cara", porque a mente, onde Deus e o homem se encontram, está obscurecida pelo pensamento turvo de que outros homens são pecadores. Nosso primeiro trabalho em qualquer demonstração é contatar Deus, portanto, devemos perdoar a todos os homens suas transgressões. Por meio desse perdão, limpamos nossa mente para que o Pai nos perdoe de nossas próprias transgressões.

Nosso perdão a "todos os homens" inclui a nós mesmos. Você também deve perdoar a si mesmo. Não deixe o dedo da negação apagar todo pecado ou "falha" de que você se acusou. Pague sua dívida dizendo àquela parte de si mesmo que você acha que falhou: "Ficaste curado: não peques mais, para que não te suceda coisa pior". Então, "solte-o e deixe-o ir". Trate o pecado como uma transgressão mental, em vez de considerá-lo um desvio moral. Negue em pensamento toda tendência ao caminho do erro e mantenha-se firme no Espírito de Cristo, que é o seu eu divino. Separe-se para sempre da "consciência acusadora". Aqueles que decidiram não mais pecar não têm nada em comum com a culpa.

"*Devo ficar em dívida enquanto tiver dívidas contra outros?*". Descobrimos que esta é a lei da mente: o pensamento sobre dívida produzirá dívida. Contanto que você acredite em dívidas, você se endividará e acumulará os fardos que seguem esse pensamento. Quem não perdoou as dívidas de todos os homens, provavelmente, também se endividará. Isso significa que você deve dar recibo de contas a todos aqueles que lhe devem? Não. Isso não apagaria a ideia de dívida de sua mente. Primeiro, negue mentalmente que qualquer homem ou mulher deve algo a você. Se necessário, reveja sua lista de nomes separadamente e perdoe sinceramente a ideia de dívida que você atribui a cada pessoa mencionada. Mais contas podem ser cobradas dessa forma do que de qualquer outra, pois muitas dessas pessoas pagarão o que devem quando você lhes enviar este pensamento de perdão.

A dívida é uma contradição do equilíbrio universal, e não existe falta de equilíbrio em todo o Universo. Portanto, em Espírito e em Verdade não há dívida. No entanto, os homens se apegam a uma ideia de dívida, e essa ideia é responsável por muitas tristezas e sofrimentos. O verdadeiro discípulo realiza sua provisão na consciência da abundância onipresente e universalmente possuída. A substância espiritual é imparcial e comum, e nenhuma ideia de dívida pode entrar nela.

As dívidas existem na mente, e ela é o lugar adequado para começar a liquidá-las. Essas entidades de pensamento devem ser abolidas mentalmente antes que suas manifestações externas passem e fiquem afastadas. O mundo nunca poderá estar livre da escravidão das obrigações financeiras até que os homens apaguem de suas mentes os pensamentos "meu e teu", que geram dívidas e juros.

Analise a ideia de dívida e verá que envolve uma ideia de falta. A dívida é um pensamento de falta com ausência, em ambas as extremidades; o credor pensa que não tem o que lhe é devido e o devedor pensa que não tem o que é necessário para pagá-lo, senão ele cumpriria a obrigação em vez de continuá-la. Há erro em ambas as extremidades da proposta, e nada no meio. Sendo isso verdade, deveria ser fácil dissolver toda ideia de que alguém nos deve ou de que devemos algo a alguém. Devemos preencher nossa mente com pensamentos de toda a suficiência, e onde não há falta não pode haver dívidas. Assim, descobrimos que a maneira de pagar nossas dívidas é preencher nossa mente com a substância de ideias que são o oposto direto das ideias de falta que causaram as dívidas.

Pensamentos de abundância trarão a você mais rápida e seguramente o que é seu do que quaisquer pensamentos que você possa ter sobre os devedores que cumprem suas obrigações para com você. Veja a substância em todos os lugares e afirme-a, não apenas para você, mas para todos os demais. Em especial, afirme a abundância para aqueles a quem você considerou ter uma dívida para com você. Assim, você os ajudará a pagar suas dívidas com mais facilidade do que se simplesmente apagasse seus nomes de seu livro de contas a receber. Ajude a pagar as dívidas do outro, perdoando-o de suas dívidas e declarando por ele toda a abundância que já possui no Espírito. O pensamento de abundância também trará frutos para sua própria vida. Deixe a lei da abundância agir em você e em seus negócios. É assim que o Pai perdoa suas dívidas: não as cancelando em Seus livros, mas apagando-as de Sua mente. Ele não se lembra mais delas contra você quando você nega a realidade delas. O Pai é o Espírito presente em toda parte, no qual tudo o que aparece tem sua origem. O amor de Deus vê você sempre bem, feliz e abundantemente provido; mas a sabedoria de Deus exige que a ordem e a relação correta existam em sua mente antes que possam se manifestar em seus negócios como abundância. O amor d'Ele daria a você todos os seus desejos, mas Sua sabedoria ordena que você perdoe seus devedores antes que suas dívidas sejam perdoadas.

Para remediar qualquer estado de finanças limitadas ou doença que tenha sido causado pela preocupação, deve-se começar eliminando a preocupação que é a causa original. É preciso libertar a mente do peso da dívida antes que ela possa ser paga. Muitas pessoas descobriram que a afirmação: "*A ninguém fiqueis devendo coisa alguma, a não ser o amor fraterno.*" (Romanos 13:8) as ajudou muito a neutralizar esse pensamento de dívida. Ao usarem as palavras, sua mente foi aberta para um influxo do amor divino e eles cooperaram fielmente com a lei divina do perdão em pensamentos, palavras e ações. Eles desenvolveram uma consciência tão forte do poder curador e enriquecedor do amor de Deus que puderam viver e trabalhar de maneira pacífica e proveitosa com seus companheiros. Assim, renovados constantemente na saúde, na fé e na integridade, foram capazes de cumprir todas as obrigações que lhes cabiam.

A declaração: "*Eu não devo nada a ninguém além de amor*" não significa que podemos nos isentar de dever dinheiro aos nossos credores ou tentar fugir do pagamento de nossas obrigações. O que é negado é o pensamento penoso de dívida ou de falta. O trabalho de pagar dívidas é um trabalho interior que nada tem a ver com as dívidas já contraídas, mas com as ideias erradas que as produziram. Quando alguém se apega às ideias certas, dívidas pesadas não serão contraídas. As dívidas são produzidas por pensamentos de falta, desejo impaciente e cobiça. Quando esses pensamentos são superados, as dívidas são superadas, perdoadas e pagas integralmente, e ficamos livres delas para sempre.

Seus pensamentos devem sempre ser dignos de seu ser mais elevado, de seus semelhantes e de Deus. Os pensamentos que frequentemente prejudicam você e seus sócios são as ideias de crítica e condenação. Liberte sua mente deles mantendo o pensamento: "*Agora não há condenação em Jesus Cristo*". Preencha sua mente com pensamentos de amor divino, justiça, paz e perdão. Isso pagará suas dívidas de amor, que são as únicas dívidas que você realmente tem. Então veja com que rapidez, facilidade e naturalidade todas as suas dívidas externas serão pagas e todas as desarmonias da mente, corpo e negócios resolvidos ao mesmo tempo. Nada enriquecerá sua mente e a libertará de todo pensamento de escassez com tanta rapidez quanto a realização do amor divino. O amor divino irá libertá-lo rápida e perfeitamente do peso da dívida e curá-lo de suas enfermidades físicas, muitas vezes causadas por depressão, preocupação e medo financeiro. O amor lhe trará o que é seu, ajustará todos os mal-entendidos e tornará sua vida e seus negócios saudáveis, felizes, harmoniosos e livres como devem ser. O amor, de fato, é o *"cumprimento da lei"*. Agora está aberto o caminho para você pagar suas dívidas. Entregue-as a Deus junto com todas as suas dúvidas e medos. Siga a luz que está inundando sua mente. O poder, o amor e a sabedoria de Deus estão aqui, pois, Seu reino está dentro de você. Dê a ele total domínio em sua vida e assuntos. Entregue a Ele seus negócios, assuntos de família, suas finanças e deixe-o pagar suas dívidas. Ele está fazendo isso agora mesmo, pois é Seu desejo justo libertá-lo de todo fardo, e ele está conduzindo você para fora do fardo da dívida, seja ela devida a você ou a outro. Receba todos os pensamentos insidiosos, como: "Não posso", "Não sei como", "Não consigo ver o caminho", com a declaração: *"O Senhor é meu pastor; nada me faltará."* (Salmo 23). Não lhe faltarão a sabedoria, a coragem para fazer ou a substância para fazer quando você compreender totalmente o escopo da vasta verdade de que a Onipotência está conduzindo você a *"pastos verdes... junto de águas calmas"*.

No reino da verdade e da realidade as ideias são a moeda do reino. Você pode usar as novas ideias que a sabedoria divina está agora acelerando em sua mente e começar neste exato momento a pagar suas dívidas. Comece agradecendo a Deus por libertá-lo do pensamento pesado. Este é um passo importante para quebrar as algemas da dívida. Os fundos para pagar todas as suas contas podem não aparecer repentinamente em uma quantia fixa; mas, enquanto você observa, trabalha e ora, mantendo-se na consciência da liderança de Deus e de Sua abundância, notará que seus fundos começam a crescer "um pouco aqui, um pouco ali" e aumentam cada vez mais rapidamente à medida que sua fé aumenta e seus pensamentos ansiosos se acalmam, pois com o aumento virão bons julgamentos e sabedoria na gestão de seus negócios. A dívida logo é superada quando a sabedoria e o bom-senso estão no controle.

Não ceda à tentação de "planos de pagamento fácil". Qualquer pagamento que esgote seu envelope de pagamento antes de você recebê-lo não é um pagamento fácil. Não permita que o falso orgulho o tente a pagar mil reais com um salário de mínimo. Pode haver ocasiões em que você se sinta tentado a deixar de pagar uma conta para satisfazer o desejo de alguma coisa. Isso facilmente leva a pessoa ao hábito de adiar o pagamento, o que acarreta o pesadelo da dívida nas pessoas antes que elas percebam. É o precursor de aparência inocente do hábito e do pensamento da dívida que pode roubar sua paz, seu contentamento, a liberdade, a integridade e a prosperidade nos próximos anos. A *Mente Divina* dentro de você é muito mais forte do que a mente de desejo do corpo. Recorra a ela em um momento como este e afirme: *"O Senhor é meu pastor; não me faltará"* (Salmo 23), até que chegue a mim como ordem divina.

Abençoe seus credores com o pensamento de abundância quando você começar a acumular os recursos para pagar suas obrigações. Mantenha a fé que eles tinham em você, incluindo-os em sua oração por aumento. Comece a se libertar de uma vez, fazendo tudo o que for possível com os meios que você tem e, à medida que prossegue neste espírito, o caminho se abrirá para você fazer mais; pois pelas avenidas do Espírito mais meios virão a você e todas as obrigações serão cumpridas.

Se você é um credor, tome cuidado com o tipo de pensamento que tem sobre o seu devedor. Evite pensar que ele não está disposto a pagar ou que não pode pagar. Um pensamento o coloca na desonestidade e o outro o considera sujeito à falta, e qualquer um deles tende a fechar a porta para a possibilidade de ele pagar em breve. Pense bem e fale bem de todos aqueles que lhe devem. Se você falar sobre eles com outras pessoas, evite chamá-los de nomes que você não aplicaria a si mesmo. Cultive um sentimento genuíno de amor e respeite a integridade alheia, apesar de todas as aparências. Declare provisão abundante para eles e, assim, ajude-os a prosperar. Ore e trabalhe pelo bem deles e pelo seu, pois o seu é inseparável do deles. Você deve a seu devedor tanto quanto ele a você, e a sua é uma dívida de amor. Pague sua dívida com ele e ele pagará a dele para com você. Esta regra de ação nunca falha.

Cristãos que enxergam longe anseiam por uma rápida retomada do sistema econômico inaugurado pelos primeiros seguidores de Jesus Cristo. Eles tinham todas as coisas em comum e nenhum homem carecia de nada. Mas antes que possamos ter uma comunidade verdadeiramente cristã baseada em um viés espiritual, devemos ser educados na maneira correta de pensar sobre finanças. Se todos nos reunirmos e dividirmos os nossos bens, levará pouco tempo para que aqueles que têm as ideias financeiras predominantes manipulem nossas finanças, e a abundância de um lado e a escassez de outro sejam novamente estabelecidas.

O mundo não poderá se livrar da escravidão da dívida e dos juros até que os homens comecem a trabalhar em suas mentes para apagar essas ideias da consciência. Se os Estados Unidos perdoassem às nações da Europa todas as suas dívidas e limpassem os livros, a lei não seria necessariamente cumprida; pois, provavelmente, restaria uma ideia de que eles ainda lhes deviam e de que haviam feito um sacrifício para cancelar as obrigações. Não seriam muito amigáveis com isso e não os perdoariam verdadeiramente e, nesse caso, o pensamento errôneo continuaria. Devemos primeiro perdoar o pensamento errado de que alguém nos deve dinheiro e que estaríamos perdendo dinheiro cancelando as dívidas. O homem que é forçado a perdoar uma dívida não a perdoa.

Acima de tudo, devemos preencher nossa mente com a consciência daquela abundância divina que é tão manifesta em todos atualmente. Há tanta substância quanto sempre existiu, mas seu livre fluxo foi prejudicado pelo egoísmo. Devemos livrar nossa mente da ideia de ganância egoísta que é tão dominante no pensamento mesquinho e, dessa forma, fazer nossa parte na grande obra de libertar o mundo da avareza. É dever de todo metafísico cristão ajudar na solução desse problema, afirmando que o Espírito universal de provisão está agora se manifestando como uma energia distribuidora em todo o mundo; que todos os pensamentos acumulados e viciosos estão sendo dissolvidos; que todas as pessoas têm coisas em comum; que ninguém em lugar nenhum carece de nada; e que a lei divina de distribuição de provisão infinita, demonstrada por Jesus Cristo, está agora se manifestando em todo o mundo. "(...) *do Senhor é a terra e tudo que nela existe.*" (1 Coríntios 10:26).

Existe um comércio legítimo que se realiza por meio do que se denomina crédito. O crédito é uma conveniência a ser usada por aqueles que apreciam seu valor e têm o cuidado de não abusar dele, pois fazer isso seria arruiná-lo. No entanto, muitas pessoas não estão equipadas para usar o sistema de crédito com vantagem e provavelmente abusarão dele. Em primeiro lugar, poucos indivíduos estão familiarizados com as complexidades de sistemas de crédito sólidos e, muitas vezes, assumem obrigações sem ter certeza de sua capacidade de cumpri-las, especialmente, se alguma complicação imprevista surgir. Frequentemente, um indivíduo perde tudo o que investe e também se vê envolvido em um fardo de dívidas. Essas coisas não estão na ordem divina e são amplamente responsáveis por retardar a prosperidade.

Ninguém deve assumir uma obrigação a menos que esteja preparado para cumpri-la prontamente e de boa vontade quando for devido. Aquele que conhece a Deus como seu recurso infalível pode ter certeza de sua provisão quando for necessário. Por que ele deveria se endividar quando está confiante em sua provisão diária sem dívidas? Não há credores ou devedores no reino de Deus. Se você está naquele reino, não precisa mais se preocupar com a dívida, seja como devedor ou credor. Sob a lei divina, não há como buscar coisas que estão além dos meios atuais. Há uma riqueza cada vez maior da consciência e advinda do conhecimento seguro de que Deus é um provedor infinito e infalível. As coisas externas estão de acordo com o padrão interno, e as riquezas são atraídas para aquele que vive perto do coração altruísta de Deus. Seu ambiente é embelezado pela glória da Presença e há prosperidade satisfatória e duradoura em seus negócios.

Só existe uma maneira de se livrar das dívidas. É o desejo de ser livre, seguido pela compreensão de que a dívida não tem lugar legítimo no reino de Deus e que você está determinado a apagá-la totalmente de sua mente. Ao trabalhar em prol da liberdade, você achará útil ter períodos diários para meditação e oração. Não se concentre em dívidas ou estrague suas orações pensando constantemente nelas. Pense no que você quer demonstrar, não naquilo de que você busca a liberdade. Ao orar, agradeça ao Pai por Seu cuidado e orientação, por Sua provisão e abundância, por Seu amor e sabedoria, por Sua abundância infinita e pelo privilégio de desfrutá-la.

Aqui estão algumas orações de prosperidade que poderão ajudá-lo a se estabelecer na verdade da abundância e apagar o erro do pensamento de dívida. Elas são oferecidas como sugestões para a formação de suas próprias orações, mas podem ser usadas como tais com excelentes resultados:

Não estou mais ansioso com as finanças; Tu és minha suficiência total em todas as coisas.

Agora o Espírito de honestidade, prontidão, eficiência e ordem se expressa em mim e em tudo o que faço.

Estou livre de todas as limitações do pensamento mortal sobre quantidades e valores. A superabundância de riquezas da mente de Cristo agora é minha, e prospero em todos os meus caminhos.

No Salmo 23 há um tratamento para libertar a mente da ideia de dívida:

O Senhor é meu pastor; nada me faltará.
O Senhor é o meu pastor; nada me falta.
Em verdes prados me faz descansar, e para águas tranquilas me guia em paz.
Restaura-me o vigor e conduz-me nos caminhos da justiça por amor do Seu nome.
Ainda que eu ande pelo vale da sombra da morte, não temerei mal algum, pois Tu estás comigo; a Tua vara e o Teu cajado me protegem.
Tu preparas um banquete para mim na presença dos meus inimigos; unges a minha cabeça com óleo e o meu cálice transborda.
A felicidade e a misericórdia certamente me acompanharão todos os dias da minha vida; e habitarei na Casa do Senhor para sempre.

LIÇÃO NOVE

DÍZIMO: COMPARTILHAR É UM CAMINHO PARA A PROSPERIDADE

"Assim como tendes transbordado em tudo, em fé, em palavra, em conhecimento, em toda a dedicação e no amor que temos despertado em Vós, vede que igualmente transbordeis nesse privilégio de contribuir." (2 Coríntios 8:7).

"Honra ao Senhor com teus bens e com as primícias de todos os teus rendimentos; e se encherão com fartura os teus celeiros, assim como transbordarão de vinho os teus lagares." (Provérbios 3:10).

Sob a lei mosaica, um dízimo (ou décimo) era exigido como porção do Senhor. Em todo o Antigo Testamento, o dízimo ou décimo é mencionado como um retorno razoável e justo ao Senhor por meio de reconhecê-lo como a fonte de provisão. Depois que Jacó teve a visão da escada com anjos subindo e descendo, ele ergueu uma coluna e fez uma promessa ao Senhor, dizendo: "De tudo o que me deres, certamente, darei o décimo a Ti". No Capítulo 3 do livro de Malaquias, encontramos a bênção de Deus diretamente relacionada à fidelidade em doar para o tesouro do Senhor, mas as doações devem ser feitas porque é o certo e, além do mais quem ama doa, não por um senso de dever ou por uma questão de recompensa. Que haverá uma recompensa após a oferta, também temos a garantia de Jesus em uma promessa direta: *"Dai sempre, e recebereis sobre o vosso colo uma boa medida, calcada, sacudida, transbordante; generosamente vos darão. Portanto, à medida que usardes para medir vosso próximo, essa mesma será usada para vos medir".* (Lucas 6:38).

As promessas de benefícios espirituais e aumento da generosidade de Deus através da guarda desta lei divina, de dar e receber, abundam em todas as Escrituras.

"Quem dá com generosidade, vê suas riquezas se multiplicarem; outros preferem reter o que deveriam ofertar, e caem na pobreza.

O alma generoso sempre prosperará, quem oferece ajuda ao necessitado, conforto receberá." (Provérbios 11:25).

"O homem generoso será abençoado, porquanto reparte seu pão com o necessitado." (Provérbios 22:9).

"Aquele que pouco semeia, igualmente, colherá pouco, mas aquele que semeia com generosidade, da mesma forma colherá com fartura." (2 Coríntios 9:6).

"Sereis felizes, semeando junto de águas puras e generosas, deixando andar livres os bois e os jumentos!" (Isaías 32:20).

Atualmente estamos vivendo sob bênçãos maiores e mais completas de Deus do que o homem jamais conheceu. É conveniente, portanto, darmos de acordo e lembrarmos a lei do dízimo, pois se um décimo era exigido pela lei naqueles tempos antigos, certamente, não é menos adequado que o devamos dar com alegria hoje. Um dos maiores incentivos para a doação generosa é uma apreciação viva das bênçãos que nos são asseguradas pela obra redentora de Jesus Cristo. *"Aquele que não poupou a seu próprio Filho, mas o entregou por todos nós, como não nos concederá juntamente com ele, gratuitamente, todas as demais coisas?"* (Romanos 8:32) *"De graça recebestes, de graça dai."* (Mateus 10:8). A verdadeira doação é o amor e a generosidade do coração acelerado pelo Espírito, respondendo ao amor e à generosidade do coração do Pai.

Em sua segunda carta, Paulo fez um apelo instigante aos coríntios para uma doação generosa a seus irmãos mais pobres em Jerusalém. Ele sugere alguns princípios do ato de ofertar que são sempre aplicáveis, pois doar é uma graça que aumenta o crescimento espiritual de todos os homens em todos os tempos. Sem doar, a alma murcha, mas quando a doação é praticada como parte da vida cristã, a alma se expande e se torna semelhante a Deus na graça da liberalidade e generosidade. Nenhuma restauração à semelhança de Deus pode ser completa, a menos que a mente, o coração e a alma estejam diariamente se abrindo para aquele espírito amplo, livre e doador, que assim, caracteriza nosso Deus e Pai. Portanto, não é surpreendente que Paulo classifique a graça de dar com fé, conhecimento e amor.

Um plano muito simples, mas prático, para exercer essa graça de doar foi sugerido por Paulo em sua primeira carta à igreja de Corinto. "No primeiro dia da semana", disse ele, "cada um de vós separe o que puder, de acordo com a sua renda"; ou seja, cada membro foi convidado a contribuir para a formação de um tesouro. Este seria o armazém do Senhor, no qual cada um colocaria suas oferendas regularmente e na proporção de seus recursos. Ao adotar esse plano, o ofertante se tornava administrador dos bens do Senhor e iniciava um curso de treinamento e disciplina necessários para ser um bom administrador, pois é preciso sabedoria para saber dispensar com justiça a generosidade de Deus. Talvez, nenhuma maneira mais simples de começar o próprio crescimento na graça de doar possa ser sugerida para nossos dias. Aqueles que seguiram esse método geralmente descobriram que tinham mais dinheiro para oferecer do que imaginavam ser possível.

Para que o plano de doação seja bem-sucedido, há várias coisas que devem ser observadas. Primeiro, deve haver uma mente disposta. *"Se existe disposição, isso é aceitável conforme o que alguém possui, e não segundo o que não tem." "Deus ama o que oferta com alegria."* (2 Coríntios 8:12). Em segundo lugar, a oferta deve ser feita com fé, e não deve haver abstenção porque a oferta parece pequena. Muitos dos casos de doação registrados na Bíblia como dignos de menção especial, elogio e bênção são casos em que a doação em si era pequena. A viúva que alimentou Elias em sua época de fome lhe deu um bolo feito com seu último punhado de farinha. Por sua fé e espírito generoso, ela foi recompensada com uma abundante provisão diária de comida para ela e seus filhos, bem como para Elias. *"A farinha da vasilha não se esgotará, e o azeite da botija jamais faltará."* (1 Reis 17:14). Esta mesma verdade é apresentada de forma bela no *Novo Testamento*, onde é claramente mostrado que não a quantidade da oferta, mas o espírito com que é dada, determina seu valor e poder. "E sentando-se Jesus defronte do cofre das ofertas, observava como a multidão lançava dinheiro no cofre; e muitos ricos deitavam muito. Foi então que uma viúva pobre se aproximou e depositou duas moedas bem pequenas, de cobre e, portanto, de bem pouco valor. E chamando para perto de si os seus discípulos, Jesus lhes declarou: 'Com toda a certeza vos afirmo que esta viúva pobre depositou no escrínio mais do que o fizeram todos os demais ofertantes', pois todos eles ofertaram do que lhes sobrava; ela, entretanto, da sua penúria deu tudo quanto possuía, todo o seu sustento." (Leitura de Marcos 12:14).

Essa pobre viúva exemplificou o que é dar com fé; e duas moedinhas nunca foram um presente tão grande como quando trouxeram tal louvor do próprio Mestre! Os resultados de dar com fé são tão certos nesta era como na de Jesus, pois a lei é infalível em todas as épocas.

Um terceiro requisito, para cumprir a lei de dar e receber, é que a oferenda seja uma proporção justa e parcimoniosa de tudo o que alguém recebe. A quantia foi definida por Paulo e a medida que ele deu foi: *"conforme sua prosperidade"*. Há uma certa definição sobre isso, mas admite liberdade para o doador exercer sua fé, juízo e vontade individuais.

A questão da distribuição sábia está intimamente relacionada à questão de encher o tesouro de Deus. A quem devemos dar, e quando, são perguntas muito importantes. Existem várias verdades que podem ser consideradas nesse contexto, mas, então, cada indivíduo acha necessário confiar no Espírito de sabedoria manifestado em seu próprio coração, já que não existem regras ou precedentes que possamos seguir em detalhes. É assim que deve ser, pois mantém o julgamento, a fé, o amor, a simpatia e a vontade individuais vivos e ativos. No entanto, um estudo cuidadoso das leis subjacentes à doação espiritual ajudará a pessoa a exercer essas faculdades divinas como devem ser exercidas. Se seguirmos o Espírito de sabedoria, não daremos a nada que seja contrário ao ensinamento de Jesus Cristo, mas gastaremos cada centavo na promoção das boas novas de vida que Ele proclama e na promoção da fraternidade dos homens que é Sua missão estabelecer na terra entre todos os que se tornam filhos por meio d'Ele.

A verdadeira dádiva espiritual recompensa com dupla alegria; primeiro, a que vem com a colocação da oferta sobre o altar ou no tesouro do Senhor; depois, a alegria de compartilhar nossa parte da generosidade de Deus com os outros. Uma das bênçãos é o conhecimento satisfatório de que estamos cumprindo a lei e pagando nossa dívida de amor e justiça com o Senhor. A outra, é a alegria de compartilhar a generosidade do Senhor. A justiça vem primeiro; depois, a generosidade.

Até mesmo os chamados pagãos reconhecem a doação como parte da adoração, pois os encontramos vindo com oferendas quando adoram seus ídolos. Todas as idades e todas as dispensações religiosas enfatizaram a doação como uma parte vital de sua adoração. Nesta época, quando temos tanto e mais se exige de nós, até mesmo nos darmos com tudo o que somos e temos. Este privilégio traz consigo benefícios imensuráveis, pois nos livra da vida pessoal, nos une com o universal e, assim, abre nossa vida interna e externa para o influxo e o efluxo da vida, amor, generosidade e graça de Deus. Este é o bendito resultado da fiel obediência à lei e do exercício da graça da doação.

As pessoas ficaram surpresas quando o profeta Malaquias lhes disse que elas estavam roubando a Deus e quiseram saber em que haviam falhado quando pensavam estar servindo ao Senhor tão fielmente. As pessoas hoje ficam muito surpresas ao saber que não foram fiéis à lei de Deus, pois a mensagem de Malaquias é para nós tanto quanto para os antigos. O Espírito de Deus deu esta mensagem por meio do profeta: *"Trazei, portanto, todos os dízimos ao depósito do Templo, a fim de que haja alimento em minha Casa, e provai-me nisto, assegura o Senhor dos Exércitos, e comprovai com vossos próprios olhos se não abrirei as comportas do céu, e se não derramarei sobre vós tantas bênçãos, que nem conseguireis guardá-las todas. Também impedirei que pragas devorem as vossas colheitas, e as videiras nos campos não perderão o seu fruto, promete o Senhor dos Exércitos. E todas as nações vos chamarão bem-aventurados; porque a vossa terra será maravilhosa, promete o Senhor dos Exércitos."* (Malaquias 3:10).

Estude cuidadosamente este Capítulo 3 do livro de Malaquias se quiser saber a melhor solução para o problema de dar e receber. Veja como é prático para as pessoas em todas as esferas da vida e também para as nações. Oferece a solução para os problemas do agricultor. Ele estabelece claramente uma lei de prosperidade para todas as classes de pessoas; para aquelas que precisam de proteção para suas plantações contra geadas, secas, inundações; para as que querem escapar das pragas, pestes e diversas coisas que destruiriam seu suprimento e suporte. É uma lei simples, mas muito eficaz: simplesmente dê o dízimo ou *décimo*, ou as "primícias" ou o equivalente ao Senhor. Não se deve esperar que Deus satisfaça todas as exigências do homem no que diz respeito a dar essa proteção e aumento, a menos que o homem cumpra as exigências de Deus. O ato de dar está em conformidade com a lei divina, porque envolve o reconhecimento de Deus como o doador de todo aumento; e, a menos que tenhamos o reconhecimento da fonte de nossa provisão, não temos garantia de continuar a usá-la.

Muitas pessoas têm dúvidas se realmente fará algum bem pedir ao Senhor proteção e abundância com relação às colheitas ou outros suprimentos. Muitos que trabalham nas cidades ou têm empresas acham estranho acreditar na prosperidade onipresente. Assim, a incredulidade está presente com eles exatamente no momento em que a fé inabalável é mais necessária. Há uma razão psicológica pela qual as pessoas devem obedecer à lei espiritual. Quando uma pessoa obedece à lei de Deus seguindo qualquer linha, sua fé imediatamente se fortalece na mesma proporção e suas dúvidas desaparecem. Quando alguém coloca Deus em primeiro lugar em suas finanças, não apenas em pensamento, mas em cada ato, liberando seus primeiros frutos (um décimo de seu aumento ou renda) ao Senhor, sua fé na provisão onipresente se torna cem vezes mais forte e ele prospera adequadamente. Obedecer a essa lei lhe dá um conhecimento interior de que está construindo suas finanças sobre um alicerce seguro que não lhe falhará.

Tudo no universo pertence a Deus e, embora todas as coisas sejam para o uso e desfrute do homem, ele não pode possuir nada de forma egoísta. Quando o homem aprender que uma lei mais elevada do que o costume e o desejo humanos estão trabalhando na terra para trazer justiça, retidão e equalização, ele começará a obedecer a essa lei, amando o próximo e fazendo aos outros o que gostaria que fizessem a ele. Então, o homem chegará ao fim de todos os problemas trazidos a si mesmo por seu egoísmo e ganância, e se tornará saudável, próspero e feliz.

O pastor de uma pequena igreja na Geórgia sugeriu à sua congregação, composta em grande parte por plantadores de algodão, que dedicassem uma décima parte de suas terras ao Senhor e Lhe pedissem proteção contra a devastação do bicudo-do-algodoeiro[7], que havia devastado as plantações naquela região por vários anos. Sete agricultores da congregação decidiram fazer isso. Eles não tomaram medidas para proteger sua colheita nesses acres dedicados, mas a praga não atacou o algodão ali. A qualidade da fibra era melhor naqueles acres do que em qualquer outro adjacente. A experiência teve tanto sucesso que praticamente todos os agricultores daquela comunidade decidiram seguir o plano no futuro.

Muitas experiências como essa estão despertando os homens a respeitar nossa relação com o princípio infinito da vida, presente em todos os lugares, que conhecemos como Deus. Esse elemento divino da vida que se manifesta como crescimento e substância reside nos fatores que se combinam para produzir algodão, trigo e todas as outras formas de vegetação. Então, certamente, se o agricultor trabalhar em simpatia reconhecida com este princípio de vida, isso trabalhará em simpatia com ele e para seu bem. Cada um contribuindo com amor e compreensão para o outro, uma colheita maior será o resultado, e uma maior medida de prosperidade para o agricultor. Não apenas o fazendeiro, mas o banqueiro, o comerciante e o profissional podem trabalhar em simpatia e harmonia com este princípio de crescimento e aumento.

O princípio infinito da vida é tão responsivo em um campo quanto em outro, e está presente em toda parte. Mesmo os chamados objetos inanimados são preenchidos ao máximo com essa vida infinita, e mesmo o ouro cunhado está tenso com o desejo de se expandir e crescer. Os materiais manuseados pelo comerciante são feitos da mesma substância que compõe o Universo, e contêm em si o germe do crescimento e do aumento. Todos os homens estão, portanto, diariamente associados à vida e, ao prestar-lhe o reconhecimento reverente que lhe é devido, e ao testemunhar tal reconhecimento, dedicando uma parte do seu ganho, prosperam.

O dízimo equivale ao aumento da fertilidade da terra. Se, reconhecendo a Deus como o doador de toda a vida, o fazendeiro

---

7 Espécie de besouro. Praga de plantações que tem origem na América-central.

colhe duas, seis ou vinte sacas a mais em seu campo, aquela porção extra, que ele não teria de outra forma, é a porção do Senhor. No comércio, o dízimo equivale ao aumento da qualidade dos bens. Na vida profissional, o dízimo é o aumento da habilidade ou do maior apreço. O princípio do dízimo pode ser aplicado em todas as nossas relações industriais e sociais. Em todos os casos em que foi aplicado e seguido por algum tempo, o dizimista foi extraordinariamente abençoado; tanto quanto no caso dos produtores de algodão e seus alqueires de dízimo.

Há muitas pessoas que desejam doar, mas parecem não saber como fazê-lo ou por onde começar. Não sabem quanto devem doar, quando ou com que frequência oferecer seus presentes, e há uma série de perguntas relacionadas. Para responder a essas perguntas, deve ser encontrada uma base definitiva para suas doações, uma regra à qual eles possam se conformar. É aqui que a lei do dízimo se encaixa perfeitamente, pois é uma base sólida, testada e comprovada por milhares de anos.

O dízimo pode ser a décima parte do salário, ordenado ou mesada de alguém, dos lucros líquidos do negócio ou do dinheiro recebido pela venda de bens. Baseia-se em todas as formas de suprimento, não importa por qual canal venha, pois há muitos canais por meio dos quais o homem prospera. O décimo deve ser separado para a manutenção de alguma obra espiritual ou obreiros. Deve ser separado primeiro, antes mesmo de suas despesas pessoais serem pagas, pois na correta relação das coisas Deus sempre vem em primeiro lugar. Então, tudo o mais segue em ordem divina e cai em seu devido lugar.

A grande promessa de prosperidade é que se os homens buscarem a Deus e Sua justiça primeiro, então, tudo será acrescentado a eles. Uma das maneiras mais práticas e sensatas de buscar primeiro o reino de Deus é ser dizimista, colocar Deus em primeiro lugar nas suas finanças. É a promessa de Deus, a coisa lógica a fazer, e a experiência de todos os que tentaram, que todas as coisas necessárias para seu conforto, bem-estar e felicidade lhes foram acrescentadas em uma medida transbordante. O dízimo estabelece o método de dar, e traz à consciência um senso de ordem e adequação que se manifestará na vida exterior e nos negócios da pessoa como maior eficiência e maior prosperidade.

Outra bênção que se segue à prática do dízimo é o contínuo "desapego" do que se recebe, o que mantém a mente aberta para o bem e livre de cobiça. Fazer uma grande doação ocasional, e então, permitir um lapso de tempo antes que outra seja feita não trará esse benefício duradouro, pois, o canal da mente pode ficar obstruído com pensamentos materiais de medo, escassez ou egoísmo. Quando uma pessoa dá o dízimo, ela está dando continuamente, de forma que nenhum espírito de apego, nenhum medo e nenhum pensamento de limitação se apodera dela. Não há nada que mantenha a mente de uma pessoa tão destemida e livre para receber o bem que vem constantemente a ela quanto a prática do dízimo. Cada dia, semana, dia de pagamento, quando for, o dizimista dá um décimo. Quando ele tem um aumento de prosperidade, como terá, seu primeiro pensamento é dar graças a Deus e o décimo da nova quantia. A mente livre e aberta, assim apoiada em Deus, certamente, trará alegria verdadeira, satisfação de viver e verdadeira prosperidade. O dízimo se baseia em uma lei que não pode falhar, é o meio mais seguro já encontrado para demonstrar a abundância, pois é a própria lei de Deus e a maneira de dar.

"*Todos os dízimos da terra, tanto dos produtos das lavouras como dos frutos das árvores, pertencem ao Senhor; são, portanto, dedicados ao Senhor.*" (Levítico 27:30). Vamos nos doar como Deus, sem reservas, e sem pensar em retribuição, não fazendo qualquer exigência mental de recompensa àqueles que receberam de nós. Um presente com reservas não é um presente; é um suborno. Não há promessa de aumento a menos que demos livremente, renunciemos inteiramente à doação e reconheçamos o alcance universal da lei. Então, a doação tem uma chance de sair e voltar multiplicada. Não há como dizer o quão longe a bênção pode viajar antes de voltar, mas é um fato lindo e encorajador que quanto mais ela demora para retornar, por mais mãos ela passa e mais corações ela abençoa. Todas essas mãos e corações acrescentam algo a ela em substância, e ela aumenta ainda mais quando retorna.

Não devemos tentar definir os caminhos pelos quais nosso bem virá. Não há razão para pensar que o que você dá voltará por meio daquele a quem você deu. Todos os homens são um em Cristo e formam uma fraternidade universal. Devemos descartar qualquer reivindicação pessoal, como *"Sempre que o deixastes de fazer para algum destes meus irmãos, mesmo que ao menor deles, a mim o deixastes de fazer."* (Mateus 25:45). A lei trará a cada um de nós apenas o que é nosso, a colheita das sementes que plantamos. O retorno virá, pois não pode escapar à lei, embora ela possa vir por um canal muito diferente do que esperamos. Tentar definir o canal pelo qual seu bem deve chegar até ele é uma das maneiras pelas quais o homem pessoal fecha sua própria provisão.

O homem de mente espiritual não faz uso egoísta da lei, mas dá porque ama ofertar, e o faz de modo espontâneo

Porque ele oferta sem pensar em recompensa e por nenhum outro motivo além do amor, ele é lançado mais completamente na operação inevitável da lei, e seu retorno é ainda mais certo. Ele é inevitavelmente enriquecido e não pode escapar disso. Jesus disse: *"Dai sempre, e recebereis sobre o vosso colo uma boa medida, calcada, sacudida, transbordante"* (Lucas 6:38). Ele não estava apenas fazendo uma promessa, mas declarando uma lei que nunca deixa de funcionar.

Tão inesgotável é a generosidade do Doador de todo o bem que, para quem tem olhos para ver e fé para recebê-lo, Deus é uma fonte infalível de provisão. O generoso Doador nada nega àquele que vem em nome de um filho e herdeiro e reivindica sua parte. É um prazer do Pai dar-nos o reino, e tudo o que o Pai tem é nosso. Mas devemos ter fé e coragem para reivindicá-lo.

Os homens que realizam grandes feitos no mundo industrial são aqueles que têm fé no poder de suas ideias gerarem dinheiro. Aqueles que desejam realizar grandes coisas na demonstração de recursos espirituais devem ter fé para se apoderar das ideias divinas e coragem para expressá-las. A concepção deve ser seguida pela afirmação de que a lei é imediatamente cumprida. Então, a provisão virá em manifestação.

LIÇÃO DEZ

DOAR: A CHAVE PARA TER ABUNDÂNCIA

Existe uma lei de dar e receber, e requer um estudo cuidadoso se quisermos usá-la em nossas demonstrações de prosperidade. É uma lei da ação da mente e pode ser aprendida e aplicada da mesma forma que qualquer outra lei. O ensinamento de Jesus Cristo sobressai, pois pode ser aplicado de maneira prática aos assuntos da vida cotidiana. Não é apenas uma religião no sentido em que a palavra é geralmente usada, mas uma regra de pensar, fazer, viver e ser. Não é apenas ético, mas prático, e os homens ainda não chegaram ao fundo das palavras simples, mas totalmente inclusivas de Jesus Cristo. Para algumas pessoas, é impensável conectar o ensinamento de Jesus com a contabilidade e o mercado, mas uma compreensão mais profunda de seu significado e propósito, que o Espírito da verdade agora está revelando ao mundo, mostra que esses ensinamentos elevados são as regras mais práticas para a vida diária e em todos os setores da vida. Eles são vitais para a civilização moderna e a base da estabilidade dos negócios. A lei de dar e receber que Jesus ensinou: "Dê, e lhe será dado", aplica-se a todas as nossas relações comerciais e sociais.

Não temos sido mais bem-sucedidos em fazer dessa doutrina de Jesus um padrão prático para a orientação diária porque não entendemos a lei na qual ela se baseia. Jesus não teria apresentado uma doutrina que não fosse verdadeira e não baseada em leis imutáveis, e podemos ter certeza de que essa doutrina de dar e receber é poderosa o suficiente para sustentar todos os negócios da civilização. Não nos aprofundamos o suficiente no ensinamento, mas pensamos que o entendemos a partir de um mero estudo superficial. "Vós vedes as coisas que estão diante da vossa face", diz Paulo, e Jesus também nos advertiu para "não julgarmos segundo a aparência". Não devemos tirar conclusões até que tenhamos nos aprofundado nas causas e nas leis subjacentes. As coisas que vemos externamente são os efeitos decorrentes de causas que são invisíveis para nós. Há um interior e um exterior em tudo: tanto as condições mentais quanto as materiais permeiam o universo. O homem desliza à vontade para cima e para baixo em toda a gama de causa e efeito. A raça inteira desliza para um efeito quase inconscientemente e tanto identifica os sentidos com o efeito que as causas se perderam de vista há milhares de anos.

Um despertar vem com o tempo, e o lado da causa da existência é novamente trazido à atenção dos homens, conforme estabelecido, por exemplo, nas doutrinas de Jesus Cristo. Mas os homens não podem compreender a grande verdade em um momento e se apegar ao que é claramente visível para eles, o lado do efeito. A verdade de que as coisas têm uma identidade espiritual tanto quanto material e que o espiritual é o lado causador e de maior valor, é uma revelação que pode demorar a chegar para a maioria das pessoas. Nesse caso, é ao lado material que elas se agarram, pensando que é tudo e se recusando a desprender-se. Os homens pegaram pela letra ou a aparência a doutrina de Jesus Cristo e a materializaram para ajustar-se a suas ideias e costumes. Esta é a razão pela qual a mensagem de Cristo não purificou o comércio, a sociedade e o governo. Mas ela deve se tornar espiritualmente operacional nesses campos. Ela fará facilmente o trabalho desejado quando seu lado mental for estudado e quando for compreendida e aplicada do ponto de vista espiritual.

Há necessidade de reforma na economia mais do que em qualquer outro departamento da vida cotidiana. O dinheiro tem sido manipulado pela ganância até que a própria ganância adoece e pede secretamente por uma panaceia. Mas ela não busca a religião de Jesus Cristo para curar-se. Na verdade, esse é o último lugar onde ela solicitaria ajuda, porque muitos dos defensores da doutrina de Jesus Cristo são eles próprios dependentes econômicos e não têm solução para o problema econômico — não entendem o poder de sua própria religião. No entanto, nenhum remédio permanente será jamais encontrado para os males econômicos do mundo fora da aplicação prática das leis nas quais se baseia a doutrina de Jesus Cristo.

A correção da solução de qualquer problema é assegurada pela correta relação de seus elementos. Toda reforma verdadeira começa com o indivíduo. Jesus começou por aí.

Ele não clamou por legislação para controlar os homens ou suas ações. Ele chamou Seus 12 discípulos e, por meio deles, instituiu individualmente, aquela reforma que tem como base um apelo à inteligência, honestidade e bondade inatas em cada homem. Ele lhes disse: *"Indo pelo mundo inteiro e proclamai o Evangelho a toda a criatura."* (Marcos 16:15). À medida que as pessoas aprendem mais definitivamente sobre o efeito dinâmico do pensamento e como as ideias passam de mente para mente, elas veem cada vez mais a sabedoria do ensinamento da reforma de Jesus Cristo. Estão começando a entender que existe uma lei imutável da ação mental e que todo pensamento e toda fala estão sujeitos a ela. Assim, quando Jesus disse: "Por tuas palavras serás justificado e por tuas palavras serás condenado", Ele ensinou o poder dos pensamentos e das palavras para trazer resultados conforme as ideias que lhes são transmitidas.

Seguindo o lado metafísico do ensinamento de Jesus Cristo, descobrimos que certos pensamentos mantidos na mente das pessoas estão causando miséria, doenças e morte. Também descobrimos que esses pensamentos podem ser dissolvidos ou transformados, e todo homem reconquistado por meio de sua vontade consciente. Paulo entendeu bem esse processo. Ele disse: *"Sede transformados pela renovação da vossa mente".* Entre os pensamentos destrutivos a que os homens se entregam e exercem estão as formas de egoísmo que conhecemos como avareza, cobiça, obtenção de dinheiro, desejo de ganho financeiro e de possuir as coisas do mundo. Esses pensamentos ameaçam seriamente perturbar a civilização do mundo e a estabilidade de toda a raça humana.

O pensamento único de ganhar dinheiro está tendo a permissão de homens e mulheres para gerar seu vapor frio em suas almas até que exclua toda a luz do sol do amor e até da vida. Não é difícil encontrar o remédio para o sofrimento causado por pensamentos destrutivos. Ele está no pensamento construtivo segundo as linhas estabelecidas por Jesus Cristo. Na verdade, o remédio para todos os males que a carne herda está na conformidade com a lei divina que Jesus Cristo revelou aos Seus verdadeiros seguidores. É dito a respeito desses verdadeiros seguidores (Atos 4:32) que eles eram "(...) *um só coração e alma: e nenhum deles disse que todas as coisas que possuía eram suas; mas todos as tinham em comum*". Muitos cristãos verdadeiros têm observado essa lei justa e buscam se conformar a ela na vida comunitária. Tais esforços nem sempre tiveram sucesso, pois não houve o reconhecimento necessário do fator mental e da disciplina das ideias. Enquanto a ideia de cobiça estiver alojada na mente humana, como seu fator gerador dominante, não pode haver vida comunitária bem-sucedida. Essa ideia deve ser eliminada primeiro do plano mental; a próxima etapa, a prática externa, será segura e bem-sucedida.

Em toda parte, os verdadeiros metafísicos estão se preparando para serem membros da grande colônia que Jesus Cristo criará, trabalhando para eliminar de suas mentes todas as ideias egoístas, junto com todas as outras vibrações discordantes que produzem desarmonia entre os membros do mesmo grupo. Um passo nessa direção é a introdução gradual do plano de *"oferta de livre arbítrio"* para substituir o padrão comercial mundial de recompensa por serviços. Estamos nos esforçando para educar as pessoas sobre a questão de doar e receber, para deixar que sua própria experiência lhes prove que existe uma lei divina de equilíbrio em questões financeiras que corresponde à lei do equilíbrio que mantém os sóis e os planetas no espaço. Para ter sucesso nesse grande esforço, devemos ter a cooperação amorosa de todos aqueles a quem ministramos. A lei é baseada no amor e na justiça, ajusta de maneira equitativa e harmoniosa todos os assuntos dos homens. Vai ainda mais longe, pois restaura a harmonia e o equilíbrio na mente e no corpo que resultam em felicidade e saúde, como bem como em prosperidade. O amor e a justiça são poderes imensos, e todas as coisas devem, eventualmente, ficar sob sua influência, porque mesmo alguns poucos homens e mulheres com os motivos certos podem, pelo pensamento correto e consequente ação justa, levar essas ideias à consciência da raça e preparar o caminho para sua adoção universal. O movimento já começou e está avançando rapidamente. Cada aluno e leitor é convidado a impulsioná-lo, resolvendo ser altruísta e justo, sem compulsão.

A consciência da raça é formada pelas correntes de pensamento e as crenças dominantes de todas as pessoas. Alguns homens e mulheres se elevam acima dessas correntes de pensamento e se tornam pensadores independentes. A ideia dominante de que obter dinheiro é o principal objetivo do sucesso está agora sendo substituída pela ideia de utilidade e boas obras. Essa ideia deve ser realizada por pessoas que decidiram pensar e agir à maneira de Jesus Cristo. Para ser um desses indivíduos e contribuir para a mudança na consciência racial, primeiro dedique-se em Espírito ao ministério de Jesus Cristo e decida levar adiante a grande obra que Ele o encarregou de fazer. Isso não significa que você deva pregar como Paulo ou necessariamente realizar qualquer trabalho extenso no exterior. No silêncio de sua "câmara interna", você pode fazer um grande trabalho de poder negando diariamente as crenças na avareza e na cobiça e afirmando o domínio universal do amor e da justiça divina. Você pode fazer da ideia de igualdade e justiça exatas entre dois homens o tema central de todas as suas palavras e ações. Quando você vir exemplos de ganância e avareza, ou quando os pensamentos deles buscarem um lugar em sua mente, lembre-se das palavras do Mestre: "O que é isso para ti? Segui-me". Nunca, por um momento, permita-se cogitar em qualquer esquema para levar vantagem sobre seus companheiros em qualquer comércio ou barganha. Apegue-se firmemente à lei da equidade e da justiça que está atuando em e através de você, sabendo com certeza que você receberá tudo o que for necessário para cumprir todos os seus requisitos. Dê pleno valor a tudo o que você recebe. Exija o mesmo por tudo o que você dá, mas não tente impor essa exigência por métodos humanos. Existe uma maneira melhor: pense em você como Espírito trabalhando com poderosas forças espirituais e saiba que as demandas do Espírito devem e serão atendidas.

Não planeje guardar para o futuro; deixe o futuro cuidar de si mesmo. Ter quaisquer medos ou dúvidas nesse ponto esgota sua força e esgota seu poder espiritual. Mantenha firmemente o pensamento da onipresença da provisão universal, seu equilíbrio perfeito e sua ação rápida em preencher todo vácuo aparente ou lugar de escassez. Se você tem o hábito de acumular ou praticar economia rigorosa, mude suas correntes de pensamento para generosidade. Pratique dar, mesmo que seja em pequena escala. Dê com espírito de amor e dê quando não puder ver nenhuma possibilidade de retorno. Dê substância real à sua doação, dando a substância do coração com a doação de dinheiro ou seja o que for. Pelo poder da sua palavra, você pode abençoar e multiplicar espiritualmente tudo o que você dá. Veja a si mesmo como o administrador de Deus distribuindo Seus suprimentos inesgotáveis. Desta forma, você está colocando em ação forças mentais e espirituais que mais tarde trarão à visibilidade grandes resultados. Seja feliz em sua oferta. Deus ama aquele que doa com alegria porque sua mente e seu coração estão abertos ao fluxo da pura substância do Ser que equilibra todas as coisas.

Não ofereça com a ideia de que está fazendo caridade. A ideia de caridade infestou a consciência da raça por milhares de anos e é responsável pelo grande exército de dependentes humanos. Faça tudo o que puder para anular esse erro mental. Não existe caridade como é popularmente entendida. Tudo pertence a Deus e todos os Seus filhos têm igual direito a isso. O fato de um ter um excedente e dar parte dele a outro não torna aquele um benfeitor e o outro um dependente. Aquele com o excedente é simplesmente um administrador de Deus e está apenas cumprindo o trabalho de administrar. Quando alguém pede sabedoria e compreensão divinas sobre como dar, isso se torna uma alegria tanto para quem dá como para quem recebe.

Os seguidores de Jesus Cristo, que estão fazendo Sua obra de ensinamento e cura devem, como Ele, receber ofertas voluntárias por seu ministério ao povo. A maioria dos que se candidatam a professores e curandeiros reconhece essa lei de dar e receber, mas muitos não a entendem. Em primeiro lugar, existem aqueles que estão presos à ideia de avareza e, em segundo lugar, os que ainda estão presos à ideia de caridade. Ambas as classes precisam de educação e tratamento para libertá-los da limitação mental e da doença mental. Os avarentos sofrem mais fisicamente e são os mais difíceis de curar, por causa do preconceito mental que os leva a obter tudo o mais barato possível, incluindo o reino dos céus. Eles devem ser pacientemente educados para ser justos porque é certo, e aprender a "desprender" o espírito aquisitivo e substituí-lo pelo espírito de generosidade. Eles farão isso prontamente como um exercício mental, mas não estão tão dispostos a abandonar o símbolo do dinheiro. No entanto, tratamentos contínuos no silêncio, complementados com instruções orais e escritas, finalmente prevalecerão e os curarão.

Existem muitos exemplos que podem ser dados para provar o funcionamento da lei. A ideia de cobiça tem um grande poder sobre o corpo. De pouco adiantaria tratar a manifestação externa sem antes remover da mente a causa interna. A salvação de tais pessoas é aprender a dar generosa e livremente, não por compulsão ou por uma questão de recompensa, mas por amor ao dar. Alguns metafísicos pensam em curar seus pacientes do apego às ideias de avareza cobrando-lhes um bom preço por seus tratamentos. Da mesma forma, o médico que cobra mais tem a certeza de curar seus pacientes e qualquer serviço pelo qual seja cobrado um preço exorbitante é o melhor! Certamente, essa seria uma ideia tola. A cura metafísica tornou-se tão popular que centenas de pessoas a adotaram como um negócio e estão fazendo dela uma indústria fundada na velha ideia comercial, tão fria e calculista, tão dura e inflexível quanto é a ideia nas fileiras dos trocadores de dinheiro de *mamon*[8].

Provavelmente existe um "caminho mais excelente", um mais em harmonia com a lei divina, um caminho que permite que o coração, assim como a cabeça e a mão, seja usado na graça de dar e receber. Aqueles que estão usando o método de oferta de livre

---

8 Significa dinheiro.

arbítrio encontram algumas críticas e oposição daqueles que defendem o método comercial e dizem que cobrar uma quantia certa é a forma legítima. Eles acusam a Unidade de promover a caridade e a pobreza e de manter vivo o espírito de obter algo em troca de nada manifestado por tantas pessoas. Nossa resposta é que estamos seguindo o único caminho que poderia efetivamente erradicar esses estados de consciência errados e levar as pessoas a uma compreensão da lei espiritual da prosperidade por meio da doação em amor.

Cada um deve dar como recebe; na verdade, é somente dando que ele pode receber. Até que o coração seja acelerado no centro e a mente seja aberta para a Verdade, não há cura permanente. Cada um pode ter um retorno justo por tudo o que recebe. Nosso objetivo é mostrar aos indigentes sem dinheiro que eles podem dar algo em troca do bem que foi feito a eles. Pode ser passar a palavra verdadeira a alguma outra alma necessitada, ou simplesmente, erguer a voz em agradecimento e louvor, quando antes eram mudos. Reconhecemos a necessidade de alguma ação da mente ligada a *Mamon*. Ela deve ser enviada para algum lugar antes que possa receber a luz e o poder do Espírito.

Nosso trabalho é levar homens e mulheres ao lugar de domínio verdadeiro e duradouro, onde sejam superiores tanto à riqueza quanto à pobreza. Podemos fazer isso mostrando-lhes que são seres espirituais, que vivem em um mundo espiritual aqui e agora, e que, por meio da compreensão da verdade de seu ser e de sua relação com Deus, esse domínio deve ser realizado.

O fato central e mais vital que eles devem perceber é que a ideia tem o poder de construir estruturas de pensamento que, por sua vez, se materializam no ambiente externo e nos negócios e determinam cada detalhe de sua existência. Cada homem é um rei governando seus próprios súditos. Esses súditos são as ideias que existem em sua mente, os "assuntos" de seu pensamento. As ideias de cada homem são tão variadas e mostram tantos traços de caráter quanto os habitantes de qualquer império. Mas todas elas podem ser colocadas em submissão e obediência por meio do poder do *EU SOU* que é o governante do reino. Em seu domínio mental, pode haver colônias de ideias estranhas — os filisteus, cananeus e outras tribos estrangeiras que os Filhos de Israel encontraram em sua Terra Prometida quando tentaram tomar posse dela. A história dos Filhos de Israel e como eles ganharam a posse daquela terra é uma representação simbólica da experiência de cada um que busca recuperar sua própria consciência em nome do Senhor. O significado em hebraico do nome cananeu é "comerciante" ou "negociante"; em outras palavras, um conjunto de ideias que tem a ver com a fase comercial da vida. Estude os Filhos de Israel (ideias espirituais) em suas experiências com esses cananeus e você obterá muitas dicas valiosas sobre como subjugar e lidar com suas próprias ideias para obter dinheiro.

Você pode permitir que a avareza e a mesquinhez se desenvolvam no domínio da sua mente até que o próprio sangue do seu corpo comece a secar e seus nervos fiquem abalados e paralisados com o medo da pobreza futura. Nesse caso, é hora de essas ideias serem expulsas e um novo conjunto de ideias se estabelecer em seu domínio para se tornar ativo na construção de um novo estado de consciência (nação). Comece imediatamente a abrir mão de suas ideias de ganho que o consomem. Pense em generosidade e comece a ser generoso para seu próprio bem. "É mais abençoado dar do que receber" se mostrará a você como a lei, pois você será abençoado por um novo influxo de ideias de vida e saúde quando começar a dar.

Em vez de ser ganancioso e avarento, talvez você tenha ido ao outro extremo e cultivado ideias de pequenas coisas financeiramente. Você pode ter fomentado a pobreza mantendo ideias de centavos em vez de dólares ou de centenas em vez de milhares. Você pode estar pensando que não pode dar porque sua renda é pequena ou sua provisão é limitada. Seu remédio é cultivar ideias de abundância. Reivindique Deus como seu recurso inesgotável; que todas as coisas são suas. Mas para colocar em movimento a energia acumulada do seu pensamento, você também deve começar a doar. Você pode dar apenas alguns centavos no início, mas dê-os em nome e no espírito do seu Deus opulento. Envie-os com todo o amor do seu coração e diga-lhes enquanto eles vão: "O amor divino através de mim os abençoa e multiplica". Sua consciência é como um fluxo de água. Se o riacho for de alguma forma represado, a água se depositará em todos os lugares baixos e ficará estagnada. A maneira mais rápida de purificar e recuperar os lugares baixos e "pantanosos" em sua consciência é não apenas deixar a inundação entrar por cima, mas abrir a represa embaixo. Muitas pessoas tentam demonstrar Deus como seu provedor, repetindo afirmações de abundância agora presentes, mas falham em negar e, assim, abandonar a velha condição e a velha ideia de escassez, começando a dar tão generosamente quanto possível. Não é a quantia que você dá medida pelos padrões do mundo, é a boa vontade que você envia com a doação; que pode ser medida apenas por padrões espirituais.

"*Deus ama o que dá com alegria.*" A palavra grega traduzida aqui como alegria é *hilarion*, que significa realmente "hilariante, feliz". O presente pode ser medido em reais e centavos, mas Deus não considera esses padrões, Ele olha e ama o doador "feliz". Lemos em Deuteronômio 28:47, 48: "*Porquanto não serviste ao Senhor teu Deus com felicidade e com alegria de coração, pela abundância de todas as coisas; portanto, servirás aos teus inimigos... na fome e na sede e nudez e falta de todas as coisas*". Isso mostra que existe uma relação definida entre a felicidade ou alegria de nossas oferendas e nossa prosperidade. Quer façamos uma grande ou pequena doação, vamos fazê-la com grande felicidade e alegria, até mesmo hilaridade, lembrando que Deus ama um doador "hilariante". "Guarda, portanto, as palavras deste pacto e as pratica, para que possas prosperar em tudo o que fizeres."

Bênçãos que podem ser colocadas sobre nossas doações:

O amor divino, através de mim, abençoa e multiplica esta oferenda.
O Pai dá abundantemente; recebo com gratidão e volto a dar generosamente.
Esta é a graça de Deus, e eu a envio com sabedoria e alegria.
O amor divino provê abundantemente e aumenta esta oferenda.
Eu dou livremente e sem medo, cumprindo a lei de dar e receber.

LIÇÃO ONZE

ACUMULANDO TESOUROS

Após a multidão ter sido alimentada com a multiplicação dos pães e peixes, Jesus ordenou que recolhessem os fragmentos para que nada se perdesse. *"E todos comeram e se fartaram; e dos pedaços que sobraram levantaram doze cestos cheios."* Qualquer forma de desperdício é uma violação da lei divina da conservação. Em todos os lugares da natureza há evidências de substâncias energéticas armazenadas, prontas para uso quando necessário.

Essa força de reserva não é material, mas espiritual. Está pronta para ser expressa para atender a qualquer necessidade. Mas quando não é colocada em uso ou expressa, há uma manifestação de desarmonia ou escassez no corpo do homem ou em sua provisão externa. É nessa concepção errada desta força espiritual que o homem comete o erro de cair no hábito de acumular em vez de conservar. Ele tenta reunir as coisas no exterior em um esforço vão para evitar uma escassez imaginária no futuro, e ele se considera rico pela quantidade de seus bens materiais.

Pessoas espiritualmente despertas estão começando a saber que todas as riquezas são espirituais e estão ao alcance de todos como ideias divinas. Elas estudam a lei da conservação no que diz respeito ao espiritual e procuram construir uma grande reserva de consciência de substância, vida, força e poder, ao invés de acumular tesouros materiais que *"a traça e a ferrugem consomem"* e *"ladrões invadem e roubam"*. Homens e mulheres espalham suas energias aos quatro ventos na tentativa de satisfazer os desejos da carne, e então, se perguntam por que não demonstram prosperidade. Se eles apenas percebessem a verdade de que essa mesma força de pensamento pode ser conservada e controlada para se expressar em canais construtivos, eles logo seriam prósperos. O Espírito deve ter substância para trabalhar e deve haver substância nas ideias de sua mente. Se a sua substância está indo, aqui, ali e em toda parte, sendo gasta em pensamentos turbulentos, como pode se acumular a ponto de ser demonstrada? Tal desperdício de substância é uma violação da lei de conservação, uma lei que todos deveriam conhecer. Quando você supera seu desejo de dissipação, não apenas os atos evidentes, mas o desejo interior, então, você começa a acumular substância que deve se manifestar como prosperidade de acordo com a lei.

Um dos princípios fundamentais no estudo do cristianismo é que o grande objetivo de Deus é fazer um homem perfeito. O homem é o ápice da criação, feito à imagem e semelhança de Deus e dotado de plena autoridade e domínio sobre seus pensamentos elementares. Às vezes, pensamos que devemos ter sucesso em algum negócio ou ocupação antes de nos tornarmos ricos ou famosos. Esta é a falta da marca da "vocação celestial de Deus em Cristo Jesus", que é demonstrar a ideia divina de um homem perfeito. O verdadeiro objetivo da vida não é ganhar dinheiro ou se tornar famoso, mas construir o caráter, revelar as potencialidades que existem em cada um de nós. Uma parte do plano divino é uma provisão substancial do Criador para todas as necessidades mentais e físicas de Sua criação. Não estamos estudando a prosperidade para nos tornarmos ricos, mas para desenvolver as características que são fundamentais para a prosperidade. Devemos aprender a desenvolver a faculdade que nos trará prosperidade e o caráter que não seja prejudicado pela prosperidade.

A fé é a faculdade mental que lida com a ideia da substância universal. A fé é a substância das coisas esperadas. Tudo em Deus é ideal, sem forma ou desenho, mas com todas as possibilidades. Ele é onipresente em nossa mente e em nosso corpo. É em nosso corpo que trazemos Deus à manifestação visível. A fé é a faculdade que faz isso. Ela se apodera da ideia de substância e a torna visível.

A luta pela riqueza parece ser o único objetivo da existência para certas mentes. Os escritores dos tempos bíblicos pregavam incessantemente contra os males do dinheiro. No entanto, Jeová sempre prometia riquezas e honra a todos os que guardassem Seus mandamentos. O ouro e a prata que Deus prometeu eram espirituais e não materiais. Deus é mente, e a mente só pode dar ideias. Essas ideias podem ser traduzidas em termos de ouro ou de qualquer outra coisa que desejarmos, de acordo com nosso pensamento. Os únicos tesouros que valem a pena salvar são aqueles que armazenamos nos céus da mente. O único ouro em que se pode confiar para trazer felicidade é o ouro do Espírito. Cristo diz: *"Aconselho-te a comprar de mim ouro refinado pelo fogo, para que enriqueças; e vestes brancas, para que te vistas, a fim de que não se manifeste a vergonha da tua nudez"*. Paulo nos diz que *"o amor ao dinheiro é a raiz de todos os males"*. Isso significa, é claro, que, por amar o dinheiro, o homem o limitou de alguma forma. Ele não amou a verdadeira fonte do dinheiro, mas amou a coisa em vez do Espírito que ela expressa. Ele quebrou a lei ao tentar compreender a coisa e ao falhar em reconhecer a ideia que está por trás dela. Devemos conhecer essa lei, observá-la no manuseio do dinheiro, e fazer do amor o ímã da oferta, em vez de ficarmos emaranhados naquele egoísmo e ganância que está causando tanta desarmonia e sofrimento no mundo atual. Devemos saber que existe uma substância monetária universal, a qual pertence a todos nós em toda a sua plenitude.

Na parábola do semeador, Jesus usa uma frase impressionante. Parte da boa semente foi sufocada por espinhos, e os espinhos representam o *"engano das riquezas"*. O dinheiro é realmente uma fraude. Promete tranquilidade e traz preocupações; promete prazeres e paga com dor; promete influência e devolve inveja e ciúme; promete felicidade e traz tristeza; ele promete permanência e depois vai embora.

Metafisicamente, é melhor ou pelo menos mais seguro ser pobre do que ser rico. Jesus ensinou isso na parábola do homem rico e Lázaro. O homem rico é retratado em tormento, clamando para que o pobre lhe dê água. Mas se os ricos são miseráveis, os pobres que desejam muito ser ricos também o são. Pobreza e riqueza são os dois polos de um ímã cujo pivô é a crença de que a posse da matéria trará alegria ao possuidor. Essa crença é uma ilusão, e aqueles que são atraídos por essa crença e permitem que suas mentes sejam hipnotizadas pelo desejo de posses materiais são dignos de pena, quer seu desejo seja realizado ou não.

O verdadeiro possuidor de riqueza é aquele que sente que todas as coisas são para usar e desfrutar, mas não se sobrecarrega com a posse pessoal de nada. Diógenes era um homem muito feliz, embora vivesse em uma banheira. Sua filosofia sobreviveu à influência das pessoas ricas e poderosas que foram suas contemporâneas. Ele andava com uma lanterna ao meio-dia à procura de um homem honesto, então, parece que eles eram tão raros naquele tempo quanto no nosso.

No entanto, o desejo generalizado por bens materiais indica que há algo de bom nisso. O homem natural é da terra, formado do pó da terra, e ama seu elemento nativo. O homem espiritual vem do alto, originando-se nos céus da mente. Ele recebe o primeiro lugar e, como Jacó, suplanta o homem natural. Os homens não devem condenar a terra por isso, mas não devem amá-la excluindo os céus. Eles devem entender que a substância é o barro com o qual o Pai faz o corpo de Seu povo. "*Vosso Pai celestial sabe que necessitais de todas essas coisas... Buscai, assim, em primeiro lugar, o reino de Deus e a sua justiça; e todas as coisas vos serão acrescentadas.*" (Mateus 6:33). A lei divina afirma que a terra é do Senhor e toda a sua plenitude. Se esta verdade fosse completamente compreendida, os homens começariam imediatamente a tornar todas as propriedades públicas, disponíveis para o uso e desfrute de todas as pessoas. Os primeiros discípulos de Jesus entenderam isso e sua religião exigia que trouxessem todos os seus bens e os colocassem aos pés de seus líderes, para serem distribuídos e usados de acordo com as necessidades de todos. Barnabé, companheiro de Paulo, deu seu campo. Ananias e Safira venderam suas terras e trouxeram parte do preço a Pedro, mas retiveram parte. Eles não haviam superado o medo da escassez futura e não colocaram sua fé totalmente nos ensinamentos e promessas do Mestre.

Quando tivermos reconhecido a verdade da onipresença de Deus como substância e provisão para todas as necessidades, não haverá ocasião para reter parte, como fizeram Ananias e Safira. Não podemos acumular dinheiro em sua fase material sem infringir a lei, que diz que temos toda a substância necessária para nossa provisão. Pedimos ao Senhor nosso pão *"de cada dia"* e esperamos tê-lo, mas não obtemos um acúmulo que se estrague em nossas mãos ou que negue o suprimento adequado a qualquer outro homem. A ideia metafísica desta parte da Oração do Senhor é *"Dai--nos hoje a substância do pão de amanhã"*. Não pedimos pão, mas a substância que o Espírito produz para se manifestar como pão, roupas, abrigo ou provisão para qualquer necessidade que possamos ter.

A substância na forma de dinheiro nos é dada para usos construtivos. É dada para usar e para atender a uma necessidade imediata, não para ser acumulada ou tolamente desperdiçada. Quando você se libertar do pensamento opressivo de acumular dinheiro, não vá ao extremo oposto dos gastos extravagantes. O dinheiro deve ser usado, não abusado. É bom manter as obrigações pagas. É bom ter algum dinheiro disponível para bons usos, como hospitalidade, educação, para desenvolver indústrias que contribuam para o bem de várias pessoas, para o avanço do trabalho espiritual, para ajudar outros a construir vidas úteis e construtivas, e para muitos outros propósitos e atividades. Mas, nessa conservação de dinheiro, deve-se ter sempre em mente a necessidade de um motivo construtivo por trás da ação. O dinheiro acumulado para um propósito definido e definitivamente construtivo é bem diferente do dinheiro acumulado com o pensamento terrível de um *"dia chuvoso"* ou de uma longa temporada de escassez e sofrimento. O dinheiro economizado para os *"dias chuvosos"* é sempre usado exatamente para isso, pois o medo infalivelmente atrai o que é temido. *"Aquilo que eu temo vem sobre mim."*

O dinheiro guardado como "um fundo de oportunidade" traz um aumento do bem, mas o dinheiro acumulado pelo medo como motivo ou com qualquer pensamento mesquinho em mente não pode trazer nenhuma bênção. Aqueles que sustentam o pensamento de acumulação tão dominante no mundo atual estão convidando problemas e até desastres, porque junto com este pensamento vem uma forte afirmação do medo de perder as riquezas. Suas ações revelam medo, e a perda que temem certamente se manifestará mais cedo ou mais tarde. A ideia mundana de prosperidade se baseia na ideia errada de provisão. Pode-se ter a ideia certa sobre a fonte das riquezas como espiritual e, ainda assim, ter a ideia errada sobre a constância da provisão como uma substância espiritual sempre presente e de fluxo livre. Deus não veste os lírios em um momento e depois os deixa à mercê da falta; Ele lhes dá o suprimento contínuo necessário para seu crescimento. Podemos ter certeza de que Ele nos vestirá muito mais e nos manterá vestidos dia após dia de acordo com nossas necessidades. Quando duvidamos disso e colocamos nossa dependência no dinheiro armazenado, fechamos o fluxo da provisão divina. Então, quando nossa pequena acumulação é gasta, roubada ou perdida, somos como o filho pródigo e começamos a passar necessidade.

Jesus não possuía um metro de terra. No entanto, nunca lhe faltou nada que fosse necessário. Sem acumular tesouros na terra, Ele era rico em sua consciência dos tesouros do céu dentro de Si mesmo, tesouros prontos para serem manifestados no exterior sempre que Ele precisasse.

Sabemos muito bem que mais cedo ou mais tarde teremos que abrir mão de nossas posses terrenas. Isso traz o pensamento da morte e de deixar o mundo para trás? Então, isso mostra o poder que essa ideia mesquinha de riqueza mundana assumiu em sua mente. Os homens podem pensar em abrir mão de seus bens materiais apenas em conexão com a morte. Eles parecem preferir a morte a desistir da ideia de riqueza. Ao fazerem tal escolha, decretam o que acontecerá com eles. É por isso que é difícil para um "homem rico" entrar no reino dos céus. Ele acumulou tesouros na terra e não o suficiente no céu. Ele não tornou possível para sua mente alcançar o polo positivo da riqueza, a verdadeira ideia de riqueza. Ele está se apegando ao lado negativo da ideia de riqueza, e esse lado está sempre mudando. As coisas materiais passam, a menos que estejam firmemente conectadas com a Fonte positiva e imutável. As verdadeiras riquezas e a verdadeira prosperidade estão no entendimento de que existe uma substância onipresente da qual todas as coisas vêm e que, pela ação de nossa mente, podemos nos unir a essa substância para que as manifestações que vêm dela estejam de acordo com nossos desejos e necessidades. Em vez de perceber a natureza inesgotável, eterna e onipresente dessa substância, nós a limitamos em nosso pensamento. Pensamos que existe apenas um limite e que é melhor nos apressarmos para receber nossa parte. Pensamos que devemos ter cuidado com a maneira como a gastamos e guardar um pouco para um tempo quando não haverá mais. Ao construir essa consciência de uma oferta limitada, concluímos que é necessário ser econômico e cada vez mais poupador. Começamos a apertar nossa mente e, então, o nosso dinheiro fica apertado, pois, conforme pensamos em nossa mente, assim nos manifestamos em nossos negócios. Essa atitude aperta o canal pelo qual nossa substância vem à manifestação e retarda o fluxo uniforme de nossa provisão. Então vem a depressão, os tempos difíceis, a escassez; e nos perguntamos o porquê, procurando de alguma forma colocar a culpa no governo, ou na guerra, ou na indústria, ou mesmo no Senhor, mas nunca de forma alguma colocamos a culpa em seu lugar, ou seja; em nós mesmos.

A *"atitude agressiva"* da mente causa um mal ainda maior do que levar as pessoas à necessidade. Se as pessoas relaxassem a mente, soltariam os nervos e os músculos do corpo. Elas devem aprender a causa de sua atitude mental tensa e opressora e abandoná-la primeiro. Então, o alívio da condição externa se manifestará como a própria condição se manifestou.

Quase todos nós fomos criados na crença de que a economia é uma coisa importante, até mesmo uma virtude. Devemos economizar nosso dinheiro e ter uma conta bancária. Economizar dinheiro é a receita de sucesso dada por muitos homens ricos. Não é uma má ideia. Deve haver dinheiro disponível nos bancos para a continuidade dos negócios e da indústria. Por ter uma conta em banco, contribuímos para o bem-estar da comunidade, se tivermos a ideia certa: que o Senhor é nosso banqueiro.

A palavra "miserável" vem da raiz latina da qual também vem "miséria". Descreve a condição daqueles que amam e acumulam dinheiro, terras ou outras coisas materiais. As histórias que são contadas sobre os avarentos são quase inacreditáveis, mas quase todos os dias a imprensa relata a história das lamentáveis dificuldades a que eles se reduziram para aumentar suas riquezas. Às vezes, eles passam fome para adicionar alguns dólares ou mesmo alguns centavos ao seu estoque acumulado. Os jornais publicaram recentemente um artigo sobre um avarento em Nova York que valia 11 milhões de dólares. Ele vai de escritório em escritório em um de seus grandes edifícios e pega o papel usado nas cestas, que vende por alguns centavos. Outro quase tão rico não compra um casaco, mas mantém o corpo aquecido prendendo jornais sob o roupão de casa. Esses homens não são apenas infelizes, mas também se tornam infelizes todos os que os cercam. Um jornal de Nova York fala de um avarento que valia milhões quando morreu. Certa vez, ladrões invadiram sua casa, mas conseguiram sair novamente sem perder nada.

Você não precisa acumular tesouros para o futuro quando sabe que a lei do bem onipresente está provendo para você de dentro. À medida que você evolui para essa lei interior da mente, atrai para si cada vez mais as coisas boas da vida.

Em sua mente, veja abundância em todos os lugares. Sim, às vezes é difícil superar o pensamento de que não há o suficiente, pois é um pensamento insidioso que está na consciência há muito tempo. Mas isto pode ser feito. Isso foi feito e está sendo feito por outros. A lei da prosperidade não é uma teoria, mas um fato demonstrado, como milhares podem testemunhar. Agora é a hora de abrir sua mente e ver a abundância. Ao fazer isso, verá que há um aumento na sua provisão. Negue mentalmente todo pensamento de escassez e afirme a abundância de todo bem. A substância infinita que a *Mente infinita* deu a você está totalmente ao seu redor agora, mas você precisa pegá-la. É como o ar, mas você deve respirar o ar para obtê-lo. É seu para ser levado, mas você deve tomá-lo. Você deve cultivar esse maravilhoso poder da mente de saber que tudo é abundante e esse poder de se apossar da substância invisível na mente e, pela fé, trazê-la à manifestação. Saiba como Jó que temos tanto agora, na realidade e na verdade, quanto sempre tivemos. Não há escassez, falta ou depressão com Deus.

Não tenha medo, independentemente de como as aparências externas possam afetar os outros. Mantenha sua cabeça quando todos ao seu redor estão perdendo as deles. Recuse-se a encher sua mente com os velhos pensamentos materiais de economia a ponto de negar o que você realmente precisa. Elimine as velhas ideias limitadoras. Afirme sua liberdade e sua fé como filho de Deus. Não gaste tolamente nem economize tolamente. O agricultor não joga fora seu trigo quando semeia o campo. Ele sabe quanto deve semear por acre e não restringe, pois sabe que uma semeadura restrita trará uma colheita limitada. Ele semeia abundantemente, mas não com extravagância, e colhe abundantemente como semeou. *"Portanto, tudo o que o ser humano semear, isso também colherá!"* (Gálatas 6:7) *"Aquele que pouco semeia, igualmente, colherá pouco, mas aquele que semeia com generosidade, da mesma forma colherá com fartura."* (2 Coríntios 9:6). Não podemos deixar de ver que a falta aparente e os tempos difíceis são o resultado de estados de espírito. Temos essas coisas no mundo manifesto porque os homens não ajustaram sua ação ao *Princípio divino*. Eles não usaram julgamento espiritual. Quando investem em ações e propriedades, ouvem a opinião de outros homens, que, às vezes, se dizem especialistas. Em seguida, vem a crise, e até os especialistas provam quão pouco compreendem as verdadeiras leis da riqueza. Podemos ir a um especialista que realmente conhece a lei porque Ele a ordenou em primeiro lugar. E Ele não está longe, mas bem dentro de nós. Podemos entrar e meditar sobre essas coisas em silêncio, e o Senhor dirigirá nossas finanças pessoais. Ele nos mostrará exatamente como obter o máximo e dar o máximo com nosso dinheiro, e providenciará para que tenhamos o suprimento de que necessitamos para que não precisemos de nada que seja necessário para o nosso bem. Isso pode não significar riquezas acumuladas ou *"economizadas para um dia de chuva"*, mas garantirá nossa provisão para hoje, o único dia que existe, na Verdade.

À medida que continuamos crescendo na consciência de Deus como vida e substância onipresente, não precisamos mais depositar nossa confiança no acúmulo de dinheiro ou outros bens. Temos certeza de que as necessidades de cada dia serão atendidas, e não nos privamos da alegria e da paz de hoje para suprir alguma necessidade futura e totalmente imaginária. Nessa consciência, nossa vida torna-se divinamente ordenada e há um equilíbrio no suprimento e nas finanças como em tudo o mais. Não nos privamos do que precisamos hoje; nem desperdiçamos nossa substância de maneiras tolas nem a esgotamos inutilmente. Não esperamos ou nos preparamos para adversidades de qualquer tipo, pois fazer isso não é apenas convidá-las, mas mostrar dúvidas a respeito de Deus e de todas as Suas promessas. Muitas pessoas carregam fardos e negam a si mesmas o suficiente para suas necessidades presentes, a fim de se preparar para dias sombrios que nunca virão. Quando olhamos para o passado, descobrimos que muitos de nossos medos eram infundados e que muitas das coisas que tanto temíamos não aconteceram. No entanto, as coisas para as quais nos preparamos, provavelmente, aconteceram e não nos encontraram totalmente preparados, mesmo depois de todos os nossos esforços nessa direção. Isso deve nos capacitar a confiar em Deus agora e descansar na certeza positiva de que Ele suprirá todas as necessidades conforme surgirem.

As coisas nunca são tão ruins quanto você pensa. Nunca se deixe sobrecarregar com o pensamento de que está passando por um momento difícil. Você não quer uma estrutura de alma desse tipo e não deve construí-la com esses pensamentos. Você está vivendo em uma nova era. Ontem se foi para sempre; hoje está aqui para sempre. Algo maior para o homem está agora se revelando. Coloque-se em linha com o progresso do pensamento na nova era e siga em frente.

LIÇÃO DOZE

SUPERANDO A IDEIA DE ESCASSEZ

O reino do céu é como uma rede que foi lançada ao mar e recolheu de todo tipo; quando ela se encheu, eles a puxaram para a praia; e se sentaram, e ajuntaram os bons em vasos, mas os maus eles lançaram fora.

A mente do homem é como a rede que apanha todo tipo de ideia, e é privilégio e dever do homem, segundo a lei divina, separar as boas das que não o são. Nesse processo, as correntes do amor altruísta e espiritual fluindo através da alma agem como grandes eliminadores, libertando a consciência dos pensamentos de ódio, escassez e pobreza, e dando à substância do Espírito livre acesso à consciência e aos negócios.

Em outra parábola, Jesus explicou o mesmo processo de separação das ovelhas das cabras. Quando essa corrente divina de amor e compreensão espiritual começar a funcionar, devemos fazer essa separação. Colocamos as ovelhas, os pensamentos bons, obedientes e proveitosos, à direita, e colocamos as cabras, os pensamentos teimosos, egoístas e inúteis, à esquerda. Cada um deve lidar com seus próprios pensamentos e superá-los, alinhando-os com a harmonia e a ordem do pensamento divino. Há uma sabedoria infinita e onipresente dentro de nós que lidará com esses pensamentos e nos guiará na discriminação entre o certo e o errado, quando nos empenharmos totalmente em sua inteligência. Podemos estabelecer uma conexão entre a mente consciente e a mente superconsciente dentro de nós pela meditação, pelo silêncio e falando a palavra.

A mente superconsciente dentro de você discrimina entre os tipos de alimento que você assimila, controla sua digestão, sua respiração e as batidas de seu coração. Ela *"faz todas as coisas bem"* e o ajudará a fazer esta importante obra de orientá-lo nos pensamentos que deve ter e nos que deve expulsar. À medida que você desenvolve essa mente dentro de si mesmo, descobrirá que pode gradualmente entregar cada vez mais seus assuntos à sua discriminação perfeita. Nada é muito grande para ser realizado, nem muito trivial para que ela manuseie com perfeição e rapidez. Esta mente do Espírito irá guiá-lo de maneiras perfeitas, mesmo nos mínimos detalhes de sua vida, se você permitir. Mas você deve querer fazer sua vontade e confiar em todos os seus caminhos. Isso o levará infalivelmente à saúde, felicidade e prosperidade, como tem feito e está fazendo por milhares, se e quando você a seguir.

É tão necessário que abandonemos os velhos pensamentos e condições depois de terem servido ao seu propósito, como devemos nos apoderar de novas ideias e criar novas condições para atender às nossas necessidades. Na verdade, não podemos nos apoderar das novas ideias e criar novas condições até que tenhamos criado espaço para elas, eliminando as antigas. Se acharmos que não podemos nos separar das cabras, teremos que nos contentar com menos ovelhas. Se insistirmos em encher os recipientes com os peixes ruins, teremos que prescindir dos bons. Estamos aprendendo que os pensamentos são coisas e ocupam "espaço" na mente. Não podemos ter novos ou melhores em um lugar já lotado de pensamentos velhos, fracos e ineficientes. Uma limpeza mental da casa é ainda mais necessária que a material, pois o exterior é apenas um reflexo do interior. Limpe o interior do prato, onde fica a comida, e também o lado de fora, que as pessoas veem, ensinou Jesus.

Os pensamentos antigos devem ser negados e a mente limpa deve estar em preparação antes que a consciência afirmativa de Cristo possa entrar. Nossa mente e, até mesmo o nosso corpo, estão carregados de pensamentos errados. Cada célula está revestida de pensamento: cada célula tem uma mente própria. Pelo uso da negação, quebramos a crosta externa, o pensamento material que envolveu as células, e descemos para a substância e a vida dentro delas. Então, fazemos contato com a substância e a vida que nossas negações expuseram e, por meio delas, expressamos o lado positivo e construtivo da lei. Quando negamos firmemente as limitações do material, começamos a revelar a lei espiritual que espera dentro de nós para ser cumprida. Quando essa lei é revelada à nossa consciência, começamos a usá-la para demonstrar todas as coisas que são boas. Esse é o estado de consciência que Jesus tinha, a consciência de Cristo.

Cada homem tem uma obra definida a fazer na execução da lei divina de evolução espiritual. A lei é posta em ação por nosso pensamento. A lei é continuamente apoiada por nosso pensamento à medida que desenvolve nossa alma. Dentro de nós estão as grandes potencialidades do Espírito que, postas em ação, nos permitem ser, fazer ou ter tudo o que quisermos. A ciência nos diz que cada um de nós tem energia suficiente dentro de si para administrar um universo, se soubéssemos como liberá-la e controlá-la. Fazemos essa liberação com um processo de desapego e apego: abandonando o antigo ou aquilo que fez a sua parte e não é mais útil; e agarrando-se às novas ideias e inspirações que vêm da mente superconsciente. Jesus disse a Pedro que o que ele ligasse na terra seria ligado no céu e o que ele desligasse na terra seria desligado no céu. Ele não estava falando sobre uma terra geográfica ou um lugar definido nos céus chamado céu. Ele estava explicando a Pedro a lei da mente. A mente consciente é apenas o polo negativo de um reino de pensamento muito positivo. Esse reino positivo de pensamento foi chamado por Jesus de *"o reino dos céus"*. Não é um lugar, mas é a atividade livre da mente superconsciente do homem. Tudo o que ligamos ou limitamos na terra, na mente consciente, será ligado ou limitado no reino ideal ou celestial, e tudo o que desligamos e libertamos na mente consciente (terra) deve ser solto e liberto no ideal, no celestial. Em outras palavras, tudo o que você afirma ou nega em sua mente consciente determina o caráter das atividades da supramente. Todo o poder é dado a você no céu e na terra por meio do seu pensamento.

Devemos escolher cuidadosamente quais pensamentos vamos liberar na mente e quais pensamentos vamos prender, pois eles se manifestarão em nossos negócios. *"Como ele [homem] pensa em si mesmo, assim ele é"* e *"tudo o que o homem semear [na mente], também colherá [na manifestação]*." Devemos perder todos os pensamentos de falta e insuficiência na mente e deixá-los ir, assim como Jesus ordenou que fosse feito com os envoltórios que seguravam Lázaro: "Solte-o e deixe-o ir". Solte todos os pensamentos de escassez e apegue-se aos pensamentos de abundância. Veja a abundância de todas as coisas boas, preparadas para você e para todos nós desde a fundação do mundo. Vivemos em um verdadeiro mar de substância inesgotável, pronta para se manifestar quando moldada por nosso pensamento.

Algumas pessoas são como peixes no mar, dizendo: "Onde está a água?" Na presença da abundância espiritual, elas clamam: "Onde vou conseguir o dinheiro? Como vou pagar minhas contas? Teremos comida, roupas ou o necessário?". A abundância está aqui, ao redor, e quando você abrir os olhos do Espírito em si mesmo, você verá e se alegrará.

Moldamos a substância onipresente com nossa mente e fazemos dela todas as coisas que nossa mente concebe. Se concebemos a escassez e a pobreza, nós moldamos isso. Se visualizarmos com olhos generosos, moldaremos a abundância com a substância onipresente. Talvez não haja passo no desenvolvimento espiritual mais importante do que o que estamos dando aqui. Precisamos aprender a abrir mão, a desistir, a abrir espaço para as coisas pelas quais oramos e desejamos. Isso se chama renúncia ou eliminação, pode até parecer sacrifício para algumas pessoas. É simplesmente desistir e jogar fora velhas ideias que nos puseram onde estamos, e colocar em seu lugar novas ideias que prometem melhorar nossa condição. Se as novas ideias não cumprirem essa promessa, nós as rejeitaremos por sua vez, trocando-as por outras, confiantes de que no final encontraremos as ideias certas que produzirão o que desejamos. Sempre queremos algo melhor do que temos. É o desejo de progresso, de desenvolvimento e crescimento. Assim como as crianças ficam maiores que suas roupas, superamos nossos ideais e ambições, ampliando nosso horizonte de vida à medida que avançamos. Deve haver uma eliminação constante do antigo para acompanhar esse crescimento. Quando nos apegamos aos velhos ideais, bloqueamos nosso avanço ou o detemos completamente.

Os metafísicos falam desse trabalho eliminatório como negação. A negação geralmente vem primeiro. Ela remove os escombros e abre espaço para o novo inquilino que é trazido à mente pela afirmação. Não seria sábio eliminar os velhos pensamentos, a menos que você soubesse que existem outros mais elevados e melhores para substituí-los. Mas não precisamos temer isso, pois conhecemos a verdade divina de que Deus é a fonte de todo o bem e que todas as coisas boas podem ser nossas por meio do amor e da graça de Jesus Cristo.

Nenhum de nós atingiu aquele lugar supremo na consciência onde ele abandona totalmente o homem material e vive no Espírito, como fez Jesus, mas temos um conceito dessa vida e Seu exemplo mostrando que ela pode ser alcançada. Nós a alcançaremos quando escaparmos do mortal. Isso não quer dizer que devemos morrer para nos livrar da mortalidade, pois a mortalidade é apenas um estado de consciência. Morremos diariamente e renascemos pelo processo de eliminar o pensamento de que somos materiais e substituí-lo pela verdade de que somos espirituais. Uma das grandes descobertas da ciência moderna é que cada átomo, neste assim chamado universo material, contém elementos de vida superabundantes. Deus é vida e Espírito e Ele está em cada átomo. Liberamos essa qualidade de vida espiritual negando a crosta de materialidade que envolve as células e afirmando que são Espírito e vida. Este é o novo nascimento, que ocorre primeiro como uma concepção na mente, seguida por uma manifestação no corpo e nas coisas. Todos nós queremos melhores condições financeiras. Aqui está a maneira de obtê-las: negue os velhos pensamentos de falta de dinheiro e afirme o novo pensamento de abundância espiritual manifesta em todos os lugares.

Cada lição das Escrituras ilustra alguma fase da ação mental e pode ser aplicada a cada vida individual de acordo com a necessidade que for mais urgente no momento de sua percepção. Se você não buscar a lição mental ao ler as Escrituras, você obterá apenas a mera camada externa da Verdade. Se, no entanto, você tiver o entendimento adequado dos personagens da narrativa, sabendo que eles representam ideias em sua própria mente, você poderá segui-los em seus vários movimentos e encontrar a maneira de resolver todos os problemas da sua vida. Isso não significa que um estudo das Escrituras por si só resolverá seus problemas, a menos que você entre na compreensão das verdadeiras Escrituras, a Bíblia das eras, o Livro da Vida dentro de sua própria consciência. Mas um estudo dos símbolos externos, conforme dados nas Escrituras, pode e deve levar você à compreensão sobre a Verdade do ser.

Em cada pessoa encontramos as ideias conflitantes representadas pelos filhos de Israel e os filisteus. Eles são colocados uns contra os outros em um conflito que continua noite e dia. Chamamos esses pensamentos conflitantes de verdade e erro. Quando somos despertados espiritualmente, ficamos do lado da Verdade, sabendo que os pensamentos da Verdade são os escolhidos do Senhor, os Filhos de Israel. Mas os pensamentos errados, às vezes, parecem tão reais e tão formidáveis que trememos e nos encolhemos de medo na presença deles.

Sabemos que a Verdade acabará prevalecendo, mas adiamos a vitória para algum lugar no futuro e dizemos que o erro é tão grande e forte que não podemos lidar com ele agora – vamos esperar até reunirmos mais forças. Então, precisamos ficar parados e afirmar a salvação do Senhor.

Nem todas as ideias têm a mesma importância. Algumas são grandes e fortes; algumas são pequenas e fracas. Existem ideias agressivas e dominantes que se exibem e se gabam de seu poder e, com ameaças de desastre, nos deixam amedrontados e nos submetem a seu domínio perverso. Essas ideias dominadoras de erro têm um argumento que sempre usam para nos impressionar: o medo dos resultados se nos atrevermos a sair e enfrentá-los em oposição aberta. Esse medo de ideias opostas, mesmo quando sabemos que estão erradas, parece estar entrelaçado em nosso próprio tecido mental. Esse medo é simbolizado pela lança de Golias que, como relata a história, "era como uma trave de tecelão". Qual é o pensamento mais terrível na mente dos homens hoje? Não é o poder do dinheiro? Não é *Mamon* o maior filisteu, o Golias em sua consciência? É a mesma coisa se você está do lado dos filisteus e tem sucesso nas suas finanças do ponto de vista material, ou se você está com os israelitas e treme em sua pobreza. O aparecimento diário deste gigante Golias, o poder do dinheiro, é algo muito temido. Nem os filisteus nem os israelitas estão de posse da Terra Prometida, nenhum lado em paz ou feliz em qualquer segurança, enquanto este gigante dominador exibir sua força e gritar suas bravatas. Essa ideia errada afirma que ele é mais forte que o Senhor de Israel. Ele deve ser morto antes que todos os outros pensamentos errados sejam expulsos de sua consciência e você possa entrar na consciência da abundância, a Terra Prometida do leite e do mel.

O mundo inteiro hoje treme diante dessa ideia gigante do erro, a ideia de que o dinheiro é o poder dominante. As nações do mundo estão sob seu domínio, porque os homens pensam que dinheiro é poder. Os ricos e os pobres são escravos da ideia. Reis e grandes homens da terra se curvam e se encolhem diante dos reis do dinheiro. Isso ocorre porque o homem deu esse poder ao dinheiro por seu pensamento errôneo. Ele fez o bezerro de ouro e agora cai diante dele em adoração. Em vez de torná-lo seu servo, ele o chamou de senhor e se tornou seu escravo. O reinado desse gigante louco foi desastroso, e o fim dele se aproxima rapidamente.

O primeiro passo para libertar sua mente desse bicho-papão gigante é obter uma percepção clara de seus direitos como filho de Deus. Você sabe que não deve colocar outros deuses ou poderes antes do Deus verdadeiro. Você sabe também que não deve estar sob o domínio de nada nos céus acima ou na terra abaixo, pois você recebeu domínio sobre tudo. Você nunca encontrará um momento melhor para compreender a verdade sobre quem e o que você é e quais são seus direitos. Nunca houve um momento mais propício para buscar um novo e melhor estado de consciência. Se você tem medo do orgulhoso gigante filisteu, como tantos ao seu redor, comece agora a procurar um meio, como fez Davi, de dar sua "carne às aves do céu". Existe um caminho, um caminho justo, que não pode falhar, e é seu dever encontrá-lo. Siga cada passo do caminho que é simbolicamente e lindamente estabelecido no Capítulo 17 de Samuel 1.

O nome Davi significa *"o amado do Senhor"*, e Davi representa sua percepção justa de seus privilégios como filho de Deus. Você não é escravo de nada ou de ninguém no Universo. A ameaça desse Golias, o poder do dinheiro, não contém terror para você nesta consciência. Você tem uma percepção suave da Verdade e a atira diretamente no centro de seu pensamento carnal, sua testa. O peso de seu escudo e sua armadura não o intimida, pois você os vê pelo que são, um espetáculo vazio e sem sentido, vulnerável em muitos lugares às verdadeiras ideias das quais você está armado.

Mesmo os mais fervorosos defensores do poder do dinheiro admitirão que é um tirano e que não o deixariam governar seu mundo se pudessem evitar. Quase sempre ele destrói seus amigos no final. Qualquer homem que se torna escravo do dinheiro acaba sendo esmagado por ele. Do outro lado estão exércitos inteiros de justos, cristãos, que, como o exército de Israel, pensam que esse gigante não pode ser vencido. Eles estão esperando por reforços, algo maior e mais forte fisicamente, para superar esse inimigo. Eles se esquecem de que "a batalha é de Jeová". Você se encolhe diante desse gigante quando ele sai diariamente para impressioná-lo com suas vanglórias e ameaças? Não tem que ser assim. Você não precisa continuar a temer. Há uma pequena ideia em sua mente que pode matá-lo. Você talvez não tenha considerado esta pequena ideia de muita importância. Ou, talvez, a tenha mantido em um lado solitário da montanha de sua consciência espiritual, pastoreando as ovelhas, que são seus pensamentos inocentes. Agora, deixe este Davi surgir, esta percepção do seu lugar de direito na *Mente Divina*. Tenha uma ideia clara de onde você realmente pertence na criação e quais são seus privilégios. Você pensa por um momento que Deus ordenou que os homens não possam escapar da terrível servidão das condições difíceis? Claro que não. Isso seria injustiça, e Deus é acima de tudo justo.

É seu privilégio sair a qualquer momento e aceitar o desafio desse fanfarrão. O Senhor tem estado com você para matar o medo do pecado e da doença (o urso e o leão) e, ainda, estará com você para matar o medo da pobreza, que Golias simboliza. "A batalha é de Jeová", e Ele está conosco para nos livrar "das mãos dos filisteus". As armas do homem do Senhor não são carnais. Ele não faz guerra à maneira do mundo. Ele não usa armadura de aço ou latão, a proteção do egoísmo e as armas da opressão, Ele avança na simplicidade da justiça, sabendo que sua inocência é sua defesa. Ele usa apenas a funda de pastor e pedras lisas, palavras da Verdade. Esta é a vontade e as palavras da Verdade que ela envia. Elas são desprezadas pelos filisteus e muitas pessoas riem da ideia de usar palavras para superar as condições. Mas elas fazem seu trabalho, o trabalho para o qual são enviadas, e a grande massa de materialidade cai diante de sua mira certeira.

Sabemos que o dinheiro foi feito para o homem, e não o homem para o dinheiro. Nenhum homem precisa ser escravo de seu irmão ou se encolher diante dele para obter dinheiro, que é o servo de todos. Não estamos presos à roda do trabalho, da labuta incessante dia após dia, a fim de apaziguar o deus de *Mamon* em seus próprios termos. Somos filhos do Deus vivo, que como um Pai Amoroso está bem aqui em nosso meio, onde podemos reivindicá-Lo como nosso apoio e nosso recurso nas condições que Ele amorosamente revela quando o reconhecemos e negamos *Mamon*. Hoje Jeová entregou este orgulhoso filisteu em nossas mãos e a vitória é nossa. Louve a Deus.

As cinco pedras lisas escolhidas por Davi no riacho representam cinco declarações irrefutáveis da Verdade. Essas declarações enviadas por uma mente confiante em si mesma, em sua causa e em sua força espiritual esmagarão a testa de Golias, o gigante do erro. As declarações são as seguintes:

Eu sou o amado pelo Senhor. Ele está comigo em todas as minhas palavras justas, e elas cumprem o fim para o qual as envio.

Minha causa é justa, pois é meu direito divino ser provido de todas as coisas que o Pai colocou à disposição de Seus filhos.

Eu dissolvo em minha própria mente e na mente de todos os outros qualquer ideia de que o que é meu possa ser negado a mim. O que é meu vem a mim pela segura lei de Deus, e em minha clara percepção da Verdade eu o recebo.

Não tenho medo da pobreza e não tenho obrigações para com ninguém. Meu opulento Pai derramou sobre mim todos os recursos e sou um poderoso canal de abundância.

Não possuo nada egoisticamente, mas todas as coisas existentes são minhas para usar e, em sabedoria divina, conceder aos outros.

Não se deixe levar pela pobreza pelo medo da escassez e ao praticar uma economia precária. Se você acredita que tudo o que o Pai tem é seu, então, certamente, não há razão para economizar. Nada ampliará tanto sua mente e seu mundo quanto a compreensão de que tudo é seu. Quando você perceber a infinitude de sua herança espiritual, nada faltará em todo o seu mundo. Veja com o olhar generoso, pois "aquele que tem um olhar de abundância será abençoado". Esta passagem afirma uma lei exata, a lei do aumento.

Os líderes religiosos do passado difundiram a ideia de que ser pobre é um dever cristão e que a pobreza é uma virtude. Esta não é de forma alguma a doutrina de Jesus Cristo. Ele aceitou a proposição totalmente, sem reservas ou qualificação, de que Deus é nosso recurso e que o Pai providenciou todas as coisas para Seus filhos. Ele é frequentemente descrito como sendo pobre, sem um lugar para reclinar a cabeça, mas Ele tinha uma casa paterna em Nazaré e era bem recebido nas casas dos ricos e dos pobres em toda a Palestina. Ele se vestia como um rabino, e Suas roupas eram tão ricas e valiosas que os soldados romanos cobiçaram o manto sem costura que Ele usava e fizeram apostas por ele. Ele encontrou abundância no reino de Deus, onde tudo o que é necessário se torna manifesto não por meio de trabalho árduo, mas por meio da compreensão da Verdade.

Jesus raramente precisava de dinheiro, porque Ele voltava do dinheiro para a ideia que ele representa e lidava com o dinheiro no reino das ideias. Nosso governo está por trás de todo o nosso dinheiro de papel, do contrário ele não teria valor. Deus está por trás de cada símbolo material, e é em Deus, e não no símbolo, que devemos colocar nossa fé. Ele está por trás do nosso pedido de comida, roupas e tudo o que podemos precisar ou desejar. Jesus diz que tudo o que precisamos fazer é pedir com fé e em Seu nome, crendo que receberemos e teremos. E não devemos hesitar em pedir muito, pois Deus pode dar muito com a mesma facilidade com que pode dar pouco.

PERGUNTAS ÚTEIS

LIÇÃO UM
SUBSTÂNCIA ESPIRITUAL:
A BASE FUNDAMENTAL DO UNIVERSO

1. O que é a mente divina?
2. O que é o homem e como ele está conectado com as ideias divinas?
3. Que grande mudança nos métodos de produção e distribuição parece prestes a ser feita? Como ela afetará nossa prosperidade?
4. O que é o éter da ciência e da metafísica? Até que ponto o homem o utiliza e quais são suas possibilidades?
5. O que Jesus demonstrou a respeito do reino do éter?
6. Qual é a fonte de todo o material, de acordo com a ciência? E de acordo com Jesus?
7. Qual é a maneira mais simples e segura de obter substância?
8. Explique deste ponto de vista como a substância nunca pode ser esgotada.
9. Por que Deus dá a justos e injustos igualmente, a todos igualmente?
10. Como essa verdade do éter nos ajuda a entender melhor a natureza de Deus como ser puro ou Espírito?
11. O que simbolizam o ouro e a prata? Por que eles são preciosos?
12. Qual é a atividade tríplice através da qual a substância deve seguir seu caminho para se tornar manifesta como material?
13. Se a substância é onipresente e o homem pode controlar sua manifestação, por que o homem sofre escassez e limitação?

14. Explique o ensinamento de Jesus de que é difícil um rico entrar no reino dos céus.

15. O que se entende por "direitos de propriedade" e o direito à riqueza? Que erro está implícito nessa doutrina? A quem pertencem as ideias?

16. Quais são algumas das "grandes posses" que devem ser descarregadas antes que possamos entrar na consciência do reino?

17. Depois de reconhecer a existência, a potencialidade e a disponibilidade da substância universal, qual é o próximo passo na demonstração?

18. O reino pode ser encontrado por alguém com motivos egoístas? Por que devemos desejar cura e prosperidade?

19. O que é consciência da prosperidade? Dê exemplos. Como ela pode ser cultivada com sabedoria?

20. Quais serão os resultados sociais e econômicos de uma consciência da prosperidade generalizada em toda a raça?

LIÇÃO DOIS
A MENTE ESPIRITUAL:
DIRETRIZ ONIPRESENTE DO PRINCÍPIO DA PROSPERIDADE

1. Por que as ideias são as coisas mais importantes na vida?

2. O que é o desejo em origem, propósito e resultado?

3. Qual é a diferença entre "ser" e "existência"?

4. Qual é a diferença entre "ser" e "aparência"?

5. Qual é a relação dos números com o problema que eles ajudam a resolver? Como isso ilustra a realidade espiritual e os fenômenos materiais?

6. O que está implícito no fato de que o homem pode conceber um mundo ideal?

7. Devemos negar a existência das coisas materiais? Podemos fazer isso com sucesso? O que devemos negar sobre as coisas externas?

8. O que é a "identidade EU SOU"? Como ela difere da *Mente Divina*?

9. Por que a compreensão espiritual é importante? Como ela é obtida?

10. Que conexão existe entre as ideias na *Mente Divina*?

11. Que ideia divina está por trás das riquezas? Que ideias são os "pais" dessa ideia? Como esse conhecimento pode nos ajudar a demonstrar?

12. Todos os homens têm o mesmo direito à riqueza? Que ideias devem acompanhar a aquisição, utilização e gasto da riqueza?

13. Esperamos que Deus nos dê pães de verdade quando fazemos a Oração do Senhor? O que Ele dá em vez de coisas materiais?
14. Por que as pessoas têm sonhos? Os sonhos ajudam os homens com seus problemas?
15. Qual é o valor do relaxamento e do silêncio quando buscamos os dons de Deus?
16. Que relação tem a demonstração de prosperidade para a consciência do reino dos céus?
17. Qual é a razão física, psicológica e espiritual para preparar o caminho para a demonstração de prosperidade?
18. O que a parábola dos lírios nos ensina sobre a substância?
19. Que efeito a atitude de agradecimento e louvor tem sobre nossa prosperidade?
20. Por que pedir em nome de Jesus Cristo é mais eficaz do que qualquer outra oração?

LIÇÃO TRÊS
FÉ NA SUBSTÂNCIA INVISÍVEL:
A CHAVE PARA A DEMONSTRAÇÃO

1. Qual é o ponto de partida para construir uma consciência de prosperidade?
2. Qual é a relação entre fé e substância?
3. O que significa "ter" fé?
4. O que é uma fé "buscadora"? O que ela busca?
5. Explique como a dúvida atrasa a manifestação.
6. Qual é a diferença entre a concepção de João Batista e a de Jesus?
7. Como o amor e a compreensão auxiliam a fé em suas realizações?
8. As experiências difíceis são necessárias na vida? Por que nós as temos?
9. Mostre que é pecado pensar e falar em tempos difíceis, escassez e outras limitações.
10. Explique a simbologia dos cinco pães e dois peixes.
11. Como o medo produz uma estagnação na circulação financeira? Como a confiança ou a fé restauram as condições normais?
12. Como podemos ir ao "cenáculo" para esperar o poder do alto?
13. Como sua mente cria? Suas criações são sempre reais?
14. Por que nossa fé deve ser no Espírito e não nas coisas materiais?

15. Mostre como a fé é essencial para o sucesso nas profissões, na produção, nas vendas e em outras linhas de atividade.

16. O que os personagens bíblicos representam para nós hoje? Que personagem bíblico representa a fé?

17. A ciência é antagônica à religião ou útil para sua causa?

18. Qual é a relação entre o material e a substância?

19. Há escassez de alguma coisa em algum lugar? O que devemos superar?

20. Que afirmações mais ajudam a banir o medo e permanecer na consciência da abundância?

LIÇÃO QUATRO
O HOMEM: ENTRADA E SAÍDA DA MENTE DIVINA

1. O que significa Princípio aplicado à prosperidade?

2. Como estabelecemos uma consciência do Princípio em relação a nós?

3. Como o estudo da Verdade pode tornar uma pessoa mais feliz, mais saudável, mais bonita, mais próspera?

4. O que é um milagre? A prosperidade é milagrosa?

5. Como os guardiões da lei divina são recompensados e seus transgressores, punidos?

6. Quais são as fases legislativa, judicial e executiva da lei divina?

7. Qual é a primeira regra da lei divina?

8. Qual é a consequência de se pensar e falar bem sobre tudo?

9. Existe alguma virtude na pobreza?

10. O que significa "país distante" e qual é a pátria do filho pródigo?

11. Qual é o efeito psicológico e espiritual de roupas velhas?

12. O que é simbolizado por calçar sapatos novos?

13. Como a verdadeira substância é desperdiçada e qual é a conexão entre o desperdício e a necessidade?

14. Qual é o nosso melhor seguro financeiro?

15. Como a lei "Busca e acharás" se aplica à prosperidade?

16. Alguém que trabalha mais ou tem mais habilidade deve receber uma recompensa maior que outro?

17. Que poder tem o amor em ajudar alguém a demonstrar prosperidade estratégica?

18. Como a mente subconsciente ajuda ou atrapalha na demonstração?

19. Que forma assume a resposta de Deus à oração?

20. Como sabemos quando uma oração é respondida?
21. Uma pessoa precisa ser moralmente digna para se tornar próspera?

LIÇÃO CINCO
A LEI QUE REGE A MANIFESTAÇÃO DA PROVISÃO

1. O que em nossa consciência é representado por Moisés? Por Josué? Por Jesus?
2. Qual é o significado metafísico de comer? Como vamos partir o pão no mundo quadridimensional?
3. O que retarda a manifestação quando trabalhamos para atingir a consciência de abundância?
4. O que queremos dizer com "a lei única"? Como podemos conhecê-la? Como mantê-la?
5. Explique como nossa capacidade de usar a riqueza com sabedoria determina em grande medida nossa prosperidade.
6. É necessário implorar a Deus por prosperidade? Pedir? Agradecer?
7. Como olhar ou ir "internamente"?
8. Compare a mente sensorial com a mente espiritual e mostre como a verdadeira prosperidade depende desta última.
9. O que é a teoria leve da formação da matéria e como ela concorda com o ensino do *Novo Testamento*?
10. Onde e o que é o céu? Como a alma é formada?
11. Como o rei Salomão demonstrou grandes prosperidades?
12. O que significa "apoderar-se" da substância?
13. Como Jesus desenvolveu Sua consciência de substância onipresente e o que essa consciência fez por Ele?
14. Qual é a verdadeira interpretação de "homem rico" na famosa parábola do camelo e da agulha?
15. Como constantemente "transformamos pedras em pão", e quais são os resultados?
16. O que a parábola dos talentos nos ensina a respeito da prosperidade?
17. Quais são os seis passos necessários à manifestação que podem ser discernidos na história da criação?
18. O que contribuímos para o mundo ao elevar nossa própria consciência ao nível de prosperidade?
19. Analise e explique a declaração "Confio na Tua lei universal da prosperidade em todos os meus negócios".

LIÇÃO SEIS
A RIQUEZA DA MENTE SE EXPRESSA EM RIQUEZAS

1. O que é prosperidade?
2. Explique a lei da prosperidade dada por Jesus Cristo.
3. Que relação tem uma consciência de prosperidade com a riqueza exterior?
4. O que é o "pecado das riquezas"?
5. O que causa quebra de safra e fome em alguns países?
6. Por que Jesus não carregava dinheiro e não possuía propriedades?
7. Qual é a única coisa que pode satisfazer o desejo humano, e onde ela pode ser encontrada?
8. A lei da prosperidade se limita ao pensamento? O que mais é necessário?
9. Sobre o que o homem recebe o domínio por seu Criador?
10. Como o homem pode controlar seu medo da falta de dinheiro?
11. Por que as orações pela prosperidade, às vezes, não são respondidas?
12. Qual é a verdadeira ideia de Deus, e como o homem lhe dá forma?
13. O que causa "depressões" nos negócios humanos e das nações?
14. Qual é o papel do autocontrole na questão da sensação na demonstração de prosperidade?
15. Qual é a importância relativa da negação e afirmação na demonstração de prosperidade?
16. Quem são os verdadeiros produtores de riqueza da nação?
17. Qual é a lei do aumento aplicada à substância da Mente?
18. Como devemos nos preparar para um aumento da prosperidade?
19. Devemos ser específicos e definitivos em nossas orações por aumento?
20. Escreva uma afirmação pessoal de prosperidade incluindo os quatro passos essenciais de reconhecimento, amor, fé e louvor.

LIÇÃO SETE
DEUS PROVEU PROSPERIDADE PARA TODOS OS LARES

1. Que grande poder espiritual o lar simboliza?
2. O que a "atmosfera" de uma casa tem a ver com sua prosperidade? Como pode uma atmosfera de preocupação e medo ser alterada?
3. Explique a importância de falar palavras verdadeiras em casa.
4. Além do sentimento de dever religioso, por que devemos ser gratos pelo que temos e expressar nossa gratidão com frequência?

5. É uma boa política criticar os móveis da casa ou pedir desculpas por eles?
6. Nossas casas devem ser ostentatórias e ricas para atrair prosperidade?
7. Por que devemos ser individuais na decoração da casa, ao invés de seguir o estilo "aceito" ou "na moda"?
8. Como um amor profundo e sincero por Deus atrairá prosperidade?
9. Por que deve haver amor e ter compreensão entre os membros da família para garantir um lar próspero?
10. Explique a lei de "amar o próximo", como aplicada à prosperidade do lar.
11. Qual é a vontade de Deus para o lar, e como o lar a expressa?
12. Explique por que tentar viver e agir como os outros vivem e agem pode impedir nossa demonstração de prosperidade.
13. Como podemos usar nossa vontade para ajudar na demonstração de prosperidade do lar?
14. Por que a pessoa deve expressar suas próprias ideias para demonstrar?
15. Onde e como começa a demonstração de prosperidade?
16. Temos alguma afirmação pessoal sobre a substância de Deus?
17. Como "derramamos" a substância nos lugares "vazios" da casa?
18. Por que é necessário ter determinação para demonstrar?
19. A posse de coisas materiais dá satisfação?

LIÇÃO OITO
DEUS PAGARÁ AS SUAS DÍVIDAS

1. Que lei da mente é observada no verdadeiro perdão?
2. Por que devemos confiar em vez de desconfiar das pessoas?
3. Existe algo como dívida na Verdade? Por quê?
4. Por onde devemos começar a perdoar nossos devedores e credores?
5. Como podemos nos perdoar por manter os outros em dívida?
6. Qual é a única maneira segura de sair e não entrar em dívidas?
7. Explique o perdão como um bom método de receber contas.
8. Onde ou o que é o "reino dos céus", o amor paga nossas dívidas?
9. Como a dívida e a preocupação com a dívida afetam a saúde? Qual é o remédio?
10. Deus tem lugar nos negócios modernos?
11. Quais são as vantagens e os perigos de comprar em prestações?
12. Qual é a importância de pagar todas as obrigações prontamente?

13. Que tipo de pensamento devemos ter em relação aos credores? E aos devedores?

14. Que ideia dominante causou a depressão mundial e como deve ser superada? Qual é a nossa parte na sua superação?

15. O sistema de crédito é o responsável pela ideia de dívida?

16. Nossa fé na provisão justifica assumirmos obrigações e confiar que seremos capazes de pagar quando chegar a hora?

17. Qual é o valor da oração para se livrar das dívidas?

LIÇÃO NOVE
DÍZIMO: O CAMINHO PARA A PROSPERIDADE

1. O que é um "dízimo" e como ele começou?

2. Quais são os benefícios do dizimista, de acordo com as promessas da Bíblia?

3. Deve-se considerar o dízimo um investimento que paga recompensas?

4. De que forma dar é uma graça divina?

5. Qual foi o plano prático que Paulo sugeriu aos coríntios?

6. Que efeito um espírito disposto e alegre tem sobre o doador, na doação e no receptor?

7. Como se pode exercer a fé ao dar?

8. Como a sabedoria deve ser empregada ao dar?

9. Como pode alguém que é confundido sobre a doação sobre quanto, quando e onde ser ajudado pela decisão do dízimo?

10. O que o dízimo deve significar para o fazendeiro? O empresário? O profissional mecânico?

11. Como o dízimo ajuda a cumprir "o primeiro e grande mandamento" sobre amar a Deus e ao próximo?

12. Além das promessas bíblicas, temos evidência direta de que o dízimo aumenta a prosperidade? Cite exemplos.

13. O dízimo deve ter um lugar definido no orçamento pessoal ou familiar? Devemos manter um registro de nossas doações, assim como fazemos com outros pagamentos?

14. Por que o dízimo habitual, embora seja pequeno, é melhor do que fazer ocasionalmente uma doação maior?

15. Qual é a base psicológica e o efeito do dízimo?

16. Que atitude devemos assumir no sentido de uma demonstração aparentemente atrasada?

17. Devemos esperar que nosso bem venha pelo canal daqueles a quem damos ou servimos?
18. Por que é melhor dar sem pensamento ou expectativa de retorno?
19. O que devemos fazer para receber o que Deus tem e deseja para nós?
20. Discuta a oferenda como forma de afirmação.

LIÇÃO DEZ
DOAR: A CHAVE PARA TER ABUNDÂNCIA

1. De que maneiras a religião de Jesus Cristo se aplica aos problemas da vida cotidiana?
2. Declare resumidamente a lei de dar e receber que Jesus ensinou.
3. Por que o ensinamento de Jesus não foi mais eficaz na mudança de condições no mundo e na vida individual?
4. Por que a reforma econômica é tão necessária atualmente?
5. Pode uma reforma eficaz se basear na fase material do problema econômico? Por quê?
6. Por que os homens que dirigem finanças e empresas deixam de buscar conselho ou ajuda da igreja?
7. Por que a reforma individual é necessária antes que as mudanças nacionais ou mundiais sejam feitas?
8. Em que o ensino e estudo metafísico contribuem para o aprimoramento do mundo?
9. Como o desejo de acumular dinheiro e bens afeta a natureza mais refinada e a sensibilidade das pessoas?
10. A avareza ou ganância têm algum efeito na saúde dos homens?
11. Qual é a principal causa da estagnação na circulação do dinheiro e seus males decorrentes?
12. Que regra Jesus nos deu para nos livrarmos da falta de recursos financeiros?
13. O método praticado pelos primeiros cristãos é praticável no mundo atual?
14. Que substituto está sendo defendido agora para o padrão comercial de pagamentos por bens e serviços?
15. Qual é a lei divina do equilíbrio? Por que não parece operar em questões financeiras?
16. Existe alguma conexão direta entre pobreza e má saúde? Como esse problema pode ser abordado? Existe um problema no outro extremo, a grande riqueza? Como pode ser resolvido?

17. O que se entende por "consciência mesquinha"? Podemos escapar de seus efeitos? Como podemos ajudar a mudá-la para melhor?
18. O que devemos fazer para economizar dinheiro para o futuro?
19. Que atitude devemos ter em relação à caridade?

LIÇÃO ONZE
ACUMULANDO TESOUROS
1. Qual é a lei da conservação aplicada à substância espiritual?
2. Qual é a diferença entre acúmulo e conservação?
3. O acúmulo de substância é necessário para a demonstração?
4. Como a substância espiritual é acumulada? Como é dissipada?
5. Qual é o verdadeiro objetivo da vida do homem?
6. Explique por que o desenvolvimento do caráter deve fazer parte do nosso estudo da demonstração de prosperidade.
7. A ambição por riqueza é louvável ou repreensível?
8. O que o ouro simboliza, falando metafisicamente?
9. Qual é a ilusão das riquezas? O que é o dinheiro?
10. Grande riqueza traz felicidade? A pobreza extrema torna alguém melhor que os ricos? Qual é a verdade sobre as riquezas?
11. Qual é a única escritura ou título de propriedade verdadeiro?
12. O que queremos quando pedimos "o pão de cada dia"?
13. Como acumular dinheiro prejudica a sociedade?
14. Devemos nos preparar para aquele "dia chuvoso" economizando parte de nosso dinheiro?
15. Jesus era pobre? Ele sempre passava necessidade? O que significa transformar pedras em pão?
16. Explique o significado do homem rico e o buraco da agulha.
17. Quais são alguns dos resultados financeiros e físicos da atitude agressiva em relação ao dinheiro?
18 Que atitude em relação aos tempos difíceis e escassez é mais útil para nós?
19. Como aprenderemos a obter e dar o máximo com os meios que temos a nosso dispor?

LIÇÃO DOZE
SUPERANDO A IDEIA DE ESCASSEZ
1. Por que devemos examinar constantemente nossos pensamentos e separá-los?

2. Por qual padrão julgamos nossos pensamentos?
3. Qual é o trabalho da mente superconsciente no corpo?
4. Como podemos usar essa mente superconsciente em nossos assuntos externos?
5. Qual é a importância da eliminação de pensamentos ou limpeza mental?
6. Como fazemos esse trabalho de eliminação de pensamentos de erro?
7. Que outros benefícios advêm do uso de palavras de negação?
8. Onde ou o que é o "reino dos céus" e como é?
9. O que significa "perder no céu"? O que devemos perder e o que devemos tomar cuidado para não perder?
10. Onde está e o que é a substância"? Como podemos contatá-la?
11. Qual é o resultado de se apegar a ideias e métodos do passado?
12. O que é mortalidade? Nós escapamos dela morrendo?
13. Explique o novo nascimento e a relação de negação dele.
14. O que os personagens da Bíblia significam para nós? O que eles podem fazer por nós?
15. O que Davi e Golias representam na consciência?
16. O que é o "bezerro de ouro" moderno que a maioria dos homens adora?
17. Cite alguns dos resultados negativos do erro da adoração ao dinheiro.
18. Acabar com o dinheiro resolveria inteiramente o problema? Qual é a solução?
19. Que ideia "pequena, mas poderosa" na consciência é simbolizada por Davi?
20. Quais são as armas desse Davi que matam o medo gigante?

Copyright© 2020 by Charles Fillmore publicado originalmente em 1936 nos Estados Unidos.

Diretor Editorial e de Arte: Julio Cesar Batista
Produção Editorial e Capa: Carlos Renato
Preparação: Mariana Silvestre de Souza
Revisão: Elisete Capellossa e Maria Dolores Sierra Mata
Editoração Eletrônica: Studio Lizu

Dados Internacionais de Catalogação na Publicação (CIP)
(Câmara Brasileira do Livro, SP, Brasil)

Fillmore, Charles, 1854-1948
Prosperidade: passos para alcançar o sucesso / Charles Fillmor; tradução Luiz Roberto M. Gonçalves. - São Paulo: nVersos Editora, 2020.
Título original: *Prosperity*
ISBN 978-65-87638-13-3
1. Conduta de vida 2. Vida cristã 3. Prosperidade
4. Sucesso - Aspectos religiosos - Cristianismo
I. Título.
20-47103   CDD-248

Índices para catálogo sistemático:
1. Sucesso : Aspectos religiosos : Cristianismo 248
Cibele Maria Dias - Bibliotecária - CRB-8/9427

Nenhum livro pode substituir a experiência em diagnóstico e os conselhos de um médico de confiança. Não deixe de consultar seu médico antes de tomar qualquer decisão que afete sua saúde, principalmente se você sofre de alguma condição médica ou tem algum sintoma que possa requerer tratamento.

1ª edição – 2020
Esta obra contempla o Acordo Ortográfico da Língua Portuguesa
Impresso no Brasil – *Printed in Brazil*
nVersos Editora: Rua Cabo Eduardo Alegre, 36 – CEP: 01257060 – São Paulo – SP
Tel.: (11) 3995-5617
www.nversos.com.br
nversos@nversos.com.br

Nota: Bíblia usada para consultar versículos e capítulos bíblicos citados: Bíblia King James Atualizada.